格差社会の中の高校生

家族・
学校・
進路選択

中澤 渉　藤原 翔　［編著］

勁草書房

は じ め に

　少子化，長期にわたる不況，格差社会化…，このところ日本社会を形容する言葉にはどことなく暗い影が付き纏う．「右肩上がりの成長」が前提視されていた時代とは，全く異なる雰囲気が世の中に浸透している．
　もちろん世界的にみて，日本は未だGDP3位の経済大国である．ただし一般に耳にするのは景気の悪い話ばかりである．今の高校生が生まれたときには，既に日本はバブル崩壊後の「失われた20年」とよばれた時代に入っており，右肩上がりの日本を知らない．もっとも長い目でみれば，高度・安定成長期がかなり特殊だったともいえるのだが，現実に生きる私たちは，自分の生きてきた時代の常識をもとに物事を評価し判断する傾向があるから，そうした成長期の時代を知っている上の世代はなかなか近年の状況の変化を正確に摑みあぐねている面がある．景気が悪いとはいえ，一見すれば街には物が溢れ，戦時中のような絶対的に食料や物資が不足していた時に比較すれば便利になったという実感もあるから，余計若者に対する見方も厳しくなりがちなのだろう．
　戦後，中卒者のほとんどが高校に進学するようになったのは，1970年代半ばである．この頃から教育分野では，校内暴力や非行，あるいは受験地獄の問題がしばしば指摘されるようになる．人口学的には1980年代末から90年代初頭にかけて第二次ベビーブーム世代が受験期を迎え，その後は急速な青少年人口の減少が見込まれていた．それゆえ高等教育の定員枠は1980年代に多少の臨時定員増がありながらも基本的には抑えられ，受験競争の圧力のようなものが存在していた．そうした中で，高校に入試難易度や進学実績に基づく序列関係がより精緻な形で出現し，当時の教育社会学者たちはアメリカの「トラッキング」という概念を援用しつつ，そうした実情を生徒の間に浸透していたサブカルチャーと結びつけて分析した．
　しかしその後，状況は大きく変化する．少子化が進行し，高校では実際に統廃合が進んでいるところもある．短大は生き残りをかけて四年制大学に変わる

はじめに

ケースが目立ち，停滞していた大学進学率は徐々に上昇した．そしてその一方でそれまで就職者の主流をなしていた高卒者は，進学する者が多数派となり，今や高卒就職者は2割を切っている．一方の大学進学者は5割にいたり，トロウ（Trow, M.）のいうユニバーサル段階に突入した．そういう面でみれば，一部の人気ある大学を除き，高等教育機関への進学競争圧力は明らかに減退した．

同じ時期に，授業時間数や内容をそれ以前から削減した学習指導要領が施行され，「ゆとり教育」とよばれた．しかし一部の経済学者の「一流大学生でありながら簡単な分数の計算もできない」という告発，国際比較調査の順位の低下，また家庭で過ごす時間の使い方の階層間の違いがもたらす成績の格差（「ゆとり教育」により，当然家庭で過ごす時間も増える）といった問題が次々と指摘され，「ゆとり教育」は社会的に大きな批判を浴びるようになった．親の年齢層も徐々に下がり，昨今の高校生の親は，1980年代の受験競争圧力が強く，またマスメディアからさまざまな学校をめぐる問題が指摘されることが当然となった時代を生きてきた人が多数派である．学校に対する期待や目が，以前とは大きく変わっているのは当然であろう．

本書は，こうした格差社会とよばれる時代に生きる高校生の実態に迫ろうとするものである．当然のことだが，高校生の生まれた時代が下れば下るほど，その親の年齢層も若くなる．つまり高校生自身の学習環境のみならず，その高校生を育ててきた家庭の環境，親の考え方も変化する．そして上述のように，この20年，教育政策も目まぐるしく変化し，経済情勢が芳しくない中で若年労働市場が問題とされてきた．しかし日本的経営や就職の慣行に抜本的な変革は加えられないままで，教育現場では自己分析のもとでやりたいことをみつけることを強いるキャリア教育が重視されるようになった．本書はこうした最近の家庭と学校の関係を念頭に，将来設計を行わざるを得なくなった高校生と母親に着目する，ということで，タイトルを『格差社会の中の高校生——家族・学校・進路選択』とした．

ここで少し，本書の使用するデータのもとになった調査と，本書を出版するもとになった研究会の経緯について触れておきたい．2012年4月に，編者の一人である中澤が大阪大学大学院人間科学研究科に赴任した．その際，当時同研究科の助教であったもう一人の編者の藤原と共同で，学内のプロジェクト資

金（平成24年度ヒューマン・サイエンス・プロジェクト）と藤原の科学研究費補助金（24730417）によって質問紙調査を行うことを計画した．幸い，プロジェクトの計画は認められることとなり，2002年に同大学院の川端亮教授を中心に行った母子調査を参考に，一部項目は10年間の変化を比較できる形で調査設計を行った．設計やデータクリーニングには，白川（第3章担当・当時同志社大学大学院）と吉田崇氏（静岡大学）の協力を得た．

その後，データは東京大学社会科学研究所附属社会調査・データアーカイブ研究センターのSSJデータアーカイブに寄託されることとなった．そこでデータを有効活用しようということで，同アーカイブの課題公募型共同研究プロジェクトの機会を利用させていただくことにした．研究会の初年度の成果はリサーチペーパー（No.52『高校生の進路意識の形成とその母親の教育的態度の関連性』http://csrda.iss.u-tokyo.ac.jp/center/rps/ より閲覧可能）にまとめられ，その成果を発展させることを研究会2年目の目標に据えた．研究報告会は2015年3月末に実施され，ひとまず2年間の研究プロジェクトは終了した．本書は2年間にわたる研究会（2013年度「高校生の進路意識の形成とその母親の教育的態度の関連性」，2014年度「高校生の進路意識と家庭における子への教育の関与について」）の成果である．質問紙の内容はきわめて多岐にわたっているが，やはり本調査の特徴は，①全国サンプルで，②母子ペアでのマッチングが可能，という点にある．また上述のように，一部の項目は2002年の調査との比較が可能になっている．執筆者の個々の関心や課題に応じて，そうした調査の特性を活かした分析が行われている．

高校生が調査の主たる対象なので，領域としては教育社会学に関連する論文が中心（特に本書の前半）となる．既に述べたように，カリキュラムや学科の再編はさほど大きく行われないながらも，近年は自分でやりたいことをみつけてそれに向けて準備や努力をせよというキャリア教育が現場では賞揚される風潮がある．もちろん学歴が労働市場において評価されるからこそ皆が学校に行くのであり，それゆえ教育システムは労働市場の動向を無視することができない．学校から労働市場，あるいは労働市場における雇用慣行が教育社会学者の間で一定の関心を集めていたのもそうした理由による．ただし問題は教育社会学にとどまらない．子ども，青少年期の社会化に果たす家族の役割は大きいか

はじめに

ら，本書は家族社会学の研究領域であるともいえる．特に女性（母親）役割の中身は，労働市場との兼ね合いもあり，ずっと問い直され続けている．こうした目標のみえにくい難しい時代に，まさに今の高校生と母親がどう向き合っているのか，それを浮き彫りにしたいというのが本書の目指すところである．その目的が果たせているか否かを含め，読者の忌憚ないご意見をいただければ幸いである．

最後に，2年間にわたり研究会を支援していただいた東京大学社会科学研究所附属社会調査・データアーカイブ研究センターのスタッフの皆様，2度の成果報告会でコメントをいただいた先生方にお礼を申し上げたい．そして何より，本調査に回答していただいた方々の協力なくして，本書の分析は成立しなかった．答えにくい質問も多々あったと推察されるが，日本では珍しい貴重なデータとなったと思う．調査の資金を援助していただいた大阪大学大学院人間科学研究科とあわせて，お礼申し上げたい．そして最後に，出版に際し，いろいろ配慮していただいた勁草書房の松野菜穂子さんに，改めてお礼申し上げたい．

中澤　渉

格差社会の中の高校生
家族・学校・進路選択

目　次

目　次

はじめに

中澤　渉

序　章　高校生の進路選択へのアプローチ …………………………… 1
「高校生と母親調査，2012」の目的，設計，分析

藤原　翔

1　格差社会の中の高校生　　1
2　「高校生と母親調査，2012」の概要　　5
3　「高校生と母親調査，2012」データの特徴　　9
4　本書の課題・構成　　13

第Ⅰ部　高校生の進路選択の実態

第1章　進学率の上昇は進路希望の
社会経済的格差を縮小させたのか ……………………………… 21
2002年と2012年の比較分析

藤原　翔

1　なくならない教育達成の社会経済的格差　　21
2　教育達成・進路希望の社会経済的格差研究と本章の課題　　22
3　分析方法　　25
4　高校偏差値に対する家族と成績の影響　　28
5　進路希望に対する家族，成績，学校の影響　　30
6　なくならない進路希望の格差　　33

第2章 「学校不適応」層の大学進学 …………………………… 37
　　　　　出身階層，学校生活と進路希望の形成
　　　　　　　　　　　　　　　　　　　　　　　　　　　　古田和久

　1　教育達成の階層間格差のメカニズム　37
　2　データと変数　39
　3　進路希望構造の分析　40
　4　曖昧な大学進学層の存在　48

第3章 大学・短大の専門分野はどのように決まるのか ……… 53
　　　　　出身階層と高等教育の学科・専攻選択との関係
　　　　　　　　　　　　　　　　　　　　　　　　　　　　白川俊之

　1　問題の所在　53
　2　教育分野の選択における階層差の説明　55
　3　教育分野と出身階層の操作的定義　57
　4　分析結果　58
　5　世代間関係の限られた開放化　63

第4章 誰が推薦入試を利用するか ……………………………… 68
　　　　　高校生の進学理由に注目して
　　　　　　　　　　　　　　　　　　　　　　　　　　　　西丸良一

　1　大学進学における推薦入試の位置づけ　68
　2　入試方法を決める要因　70
　3　定まらない進路　77

目　次

第5章　高校生の職業希望における多次元性 …………………… 81
　　　　　職業志向性の規定要因に着目して

多喜弘文

1　なぜ日本の高校生の職業希望は多次元的なのか　81
2　使用変数と分析の手順　83
3　職業希望と職業志向性にかんする基礎分析　85
4　職業志向性の類型とその規定要因　87
5　多次元的な職業希望を生み出す制度的文脈　92

第Ⅱ部　高校生の進路選択と家族・ジェンダー

第6章　進学希望意識はどこで育まれるのか ………………………… 99
　　　　　母子間における接触と意見の一致／不一致に着目して

中澤　渉

1　社会化の場と意識形成　99
2　進路意識をめぐるこれまでの知見と課題　100
3　母子関係のあり方の潜在構造　103
4　母子関係の特徴と背景　106
5　母子間の進路意識──一致・不一致の背景　110

第7章　海外に憧れる高校生はだれか ……………………………… 115
　　　　　ジェンダーの視点から

髙松里江

1　若者の海外志向　115
2　変数の概要　119
3　海外志向の規定要因　122

4　海外志向の特徴と課題　124

第8章　母子間の価値観の伝達 …………………………………… 128
　　　　　性別役割分業の一般的規範・個人的展望に関する分析

小川和孝

　　1　なぜ性別役割分業意識が重要か　128
　　2　性別役割分業意識を社会学的に位置づける　131
　　3　分析の戦略と変数の設定　133
　　4　母子の意識の関連についての実証分析　135
　　5　世代間の性別役割分業意識の関連が不平等に対して意味するもの　138

第9章　母親の就業経歴と高校生のライフコース展望 ………… 144
　　　　　「仕事も家庭も」という母親が子どもに与える影響

苫米地なつ帆

　　1　母親の働き方と子どもの意識・行動　144
　　2　母親の就業は子どもにどのような影響を与えるか　146
　　3　分析に使用する変数　148
　　4　母親がライフコース展望に与える影響　148
　　5　ロールモデルとしての「働く母親」　153

終　章　親子調査からみえてきた課題 ……………………………… 157
　　　　　近年の高校教育と親子関係の変化をふまえて

中澤　渉

　　1　学校と家庭の関係を振り返る　157
　　2　教育達成の格差を生む原因──学校外教育への投資という視点から　163

目　次

   3　今後の親子調査に向けて　167

付　録 …………………………………………………………… 173

あとがき ………………………………………………………… 177
　　　　　　　　　　　　　　　　　　藤原　翔

人名索引・事項索引 …………………………………………… 180

序　章

高校生の進路選択へのアプローチ
「高校生と母親調査，2012」の目的，設計，分析

藤原　翔

1　格差社会の中の高校生

本書は 2010 年代を生きる高校生の進路選択を中心に，それをとりまく学校生活や親子（特に母子）関係の実態を明らかにするものである．

まず，2010 年以降の日本の高校生の置かれている社会的状況の時代的位置づけを確認したい．

図序-1 は 18 歳人口と大学・短大進学率等の推移をみたものである．(1) 大学・短大進学率についてみると，1960 年から 1975 年まで 10% から 40% 弱へと，急激に上昇している．1975 年から 1990 年あたりまでは 35～40% のあたりで停滞している．しかし，90 年代にはいって大学・短大進学率（主に大学進学率）は再度上昇し，2000 年代はじめには 50% に近くなっている．その後は安定的に推移しているようにみえたが，2005 年あたりから再度進学率は上昇し，2008 年には 55% を超えた．トロウ（Trow, M.）は高等教育進学率の変化を，エリート段階（15% 未満），マス段階（15～50%），そしてユニバーサル段階（50% 以上）という 3 つの発展段階に分け，その特徴を示した（トロウ 1976）が，2000 年代半ばから，日本の大学・短大進学はユニバーサル段階に移行したといえる．短大を除いた (2) 大学進学率だけをみても同様の傾向がみられ，2009 年には 2 人に 1 人が大学に進学するようになり，大学進学についてもユニバーサル段階に移行している．その一方で (3) 高卒就職率は減少傾向にあ

序　章　高校生の進路選択へのアプローチ

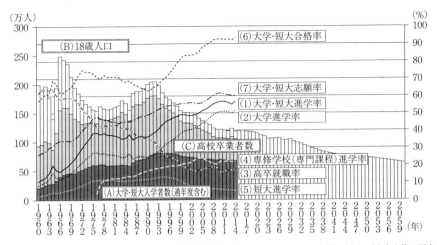

注：文部科学省「学校基本調査」および国立社会保障・人口問題研究所「日本の将来推計人口（出生中位・死亡中位）」より作成．作成にあたっては，「平成19年度　文部科学白書」を参考にした．入学志願者数は，高等学校卒業者及び中等教育学校後期課程卒業者のうち，大学や短大へ願書を提出した者の実数である．同じ者が2校（学部・学科）以上に願書を提出した場合も1名として計上している．

図序-1　18歳人口と大学・短大進学率等の推移

り，20%を下回る．また，(4)専修学校（専門課程）の進学率は，1976年の創設以降徐々に増加しており，2000年代半ばをピークに20%あたりで停滞している．(5)短大進学率は1990年代初頭をピークに減少傾向にある．

しかし進学率の変化をみているだけでは見過ごしてしまう事実もある．まず，進学率を計算する上での分子にあたる(A)大学・短大入学者の数をみると，戦後から1993年まで増加し，それをピークにその後やや減少していることがわかる．1975年から1980年代半ばまでは増加していないが，これは政策によるコントロールが原因である．一方，進学率を計算する上での分母に当たる(B)18歳人口は大きく変動する．2回目のベビーブーマーが18歳になった1992年をピークに，18歳人口は急激に減少していく．急激な少子化が進む中でも大学・短大進学者の数がほとんど変わらず維持されていることによって，近年の進学率の上昇が生じているのである．なお，18歳人口は，2014年は118万人であるが，10年後の2024年には106万人，20年後の2034年には91万人になると推計されている．

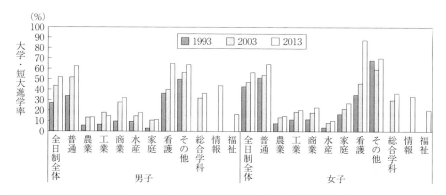

注：文部科学省「学校基本調査」より作成．総合学科は2003年と2013年，情報と福祉は2013年のものしかない．「その他」の進学率が高くなっているが，ここには理数関係，外国語関係，音楽・美術関係，体育関係，その他が含まれる．

図序-2 高校学科別の大学・短大進学率の推移

　そして，大学・短大入学者数を大学・短大志願者数で割ったものを（6）大学・短大合格率とよぶならば（収容力ともよばれる），1990年以降その値は上昇し続け，2007年には90％を超えた．（7）大学・短大志願率と大学・短大進学率の差が狭まってきていることからも合格率が高まっていることがわかる．つまり，大学・短大に願書を出したもののうちのほとんどが，大学・短大に入学していることになる．願書を出したのなら，その後どこかの大学・短大に入学するのはあたりまえだと思うかもしれないが，1990年以前では，願書を提出したもののうち，60％から70％くらいしか入学していなかったことを考えれば，今の高校生が置かれている状況の特異さがわかる．

　このように大学への進学率が上昇する中，かつては就職が卒業後の主たる進路であった選抜度の低い普通科や職業学科（専門高校）からも，大学や他の高等機関へと進学する者が増加した（中村編 2011）．図序-2は高校の学科別の大学・短大進学率を示したものであるが，普通科だけではなく，職業学科においても1993年から2003年までの間に，そして2003年から2013年までの間に，進学率が上昇している．唯一進学率の下降がみられるのは，男子の工業系の学科のみである．そしてまた，これまでであれば進学してこなかった成績下位層の生徒も，大学進学を目指すようになる．そして量的拡大とともに，大学に進

学することだけではなく，どのような入試方法で大学に進学するのかということも重要性を高めてきているかもしれない．どのような学校や学部・学科を選択するのかということも，よりいっそう考慮する必要があるだろう．このように高校生の卒業後の進路はこの10年だけをみても，大きく変容していると考えられる．

そして学校だけではなく，社会や社会についての認識も変化してきている．橘木俊詔（1998）や佐藤俊樹（2000）の研究以降，格差が拡大したのかそれとも縮小したのかという客観的な状況についての学術的な議論を超えて，日本は格差社会であるということは確実に認識されている．日本社会は多くの人が「普通」の生活を送る一億総中流社会ではなく，格差社会として認識されるようになった．そして，その格差社会で生きるということが人々の意識や行動を変えた可能性もある．

教育に関する格差についても大きな関心が集まるようになった．というのも，所得格差，貧困，正規雇用と非正規雇用の格差など，さまざまな格差・不平等の存在が人々の注目を集める中，学歴がその主たる要因となっているためである．同時に，このようなその後のライフコースを左右する学歴獲得の機会が，子どもたちが生まれ育った家庭環境に大きく依存していることもますます認識されるようになった．教育に関する格差や不平等を扱った書籍が続々と出版されていることは，多くの人々が教育に関する格差に注目しているからだろう（たとえば新書では，小林 2008; 吉川 2009; 橘木 2010）．子どもの貧困研究（阿部 2008）も，他国と比較すれば豊かで格差は少ないと思われがちな日本において，子どもの貧困率（たとえば平成24年で16.3%）がOECD諸国に比べて高いというショッキングな事実を報告し，貧困世帯に育つ子どもの学力や学歴が低くなる傾向を世間に知らしめた．

格差・不平等・貧困という用語が人口に膾炙する中で，良くも悪くも人々の意識は変化していったかもしれない．われわれは社会的な格差について無関心でいることはできない．格差に鋭敏な意識をもった社会を生きているのである（数土編 2015）．

それではこのような中，現代の高校生はどのように学校生活を送り，将来の職業や生活を考え，そして卒業後の進路を選択するのだろうか．高学歴化した

社会と格差社会の中を生きる高校生の進路選択の実態と，そこへの親の関わりを明らかにするのが本書の目的である．

2 「高校生と母親調査，2012」の概要

　高校生の進路選択とそれに対する様々な要因の影響を検討する上で，本書は量的社会調査データを用い，その統計的分析（計量分析）から，一般的な変数間の関連を明らかにするというアプローチをとる．量的社会調査データとは構造化された調査票を用い，多くの対象者に対して行う社会調査から得られたデータである．しかしこのようなアプローチをとる上では，まずデータを得るための調査が必要となってくる．そこで，「2012年高校生と母親調査研究会」を立ち上げ，「高校生と母親調査，2012」を実施した．

　「高校生と母親調査，2012」は，2002年11月に大阪大学で行われた「高校生とその母親の教育意識に関する全国調査」をベースとし，2012年11〜12月に全国の高校2年生とその母親に対して行われた調査である．対象となる高校生と母親は，イプソス株式会社の保有するアクセスパネルからサンプリングされた．アクセスパネルとは「調査会社や研究者から依頼があった場合に調査に協力することをあらかじめ約束した人々の集団」（太郎丸 2012: 9）のことである．イプソス株式会社のアクセスパネルは1984年の住民基本台帳から抽出して調査協力を依頼し，承諾を得たモニターからなる全国規模の汎用抽出枠であり，以降定期的にリフレッシュが行われている．

　2002年度の調査（溝井・吉川 2004）と同様に，2012年にアクセスパネルの（A）居住ブロックによる層化，（B）人口規模による層化，（C）性別による層化による層化3段抽出を行った．母親のいる高校生のみが対象となっている上に，厳密なランダムサンプリングに基づくわけではないが，全国の高校2年生の特徴を近似的にとらえることが可能な標本が得られると考えられる．

（A）居住ブロックによる層化（第1次抽出）
　（A1）47の都道府県を北海道，東北（青森県・岩手県・宮城県・秋田県・山形県・福島県），首都圏（埼玉県・千葉県・東京都・神奈川県），北関東・甲信

越（茨城県・栃木県・群馬県・新潟県・山梨県・長野県），東海・北陸（富山県・石川県・福井県・岐阜県・静岡県・愛知県・三重県），近畿（大阪府・兵庫県・滋賀県・京都府・奈良県・和歌山県），中国（鳥取県・島根県・岡山県・広島県・山口県），四国（徳島県・香川県・愛媛県・高知県），九州・沖縄（福岡県・佐賀県・長崎県・熊本県・大分県・宮崎県・鹿児島県・沖縄県）の9ブロックに分割した．

(A2)「平成24年度学校基本調査速報」に記載されている各都道府県の全日制本科2年生の人数をもとに，各ブロックごとの全日制本科2年生の人数を計算し，各ブロックへの調査票の割付比率を求めた．

(A3) 計画サンプルに各ブロックの調査票割付比率をかけることで，各ブロックへの調査票発送数を決定した．

(B) 人口規模による層化（第2次抽出）

都市規模別の高校2年生の人口分布を示した資料がなかったため，「平成23年度住民基本台帳人口」に記載された人口から，各ブロックにおける10万人以上都市居住人口割合を算出し，それをもとに10万人以上の市区町村と10万人未満の市区町村への調査票発送部数を決定した．

(C) 性別による層化（第3次抽出）

各ブロック，人口規模ごとに男女を半数ずつ抽出し，最終的な調査票発送割り当て数を決定した．

アクセスパネルからの標本抽出と有効回収数（親子ペア）は表序-1に示した．1,560の高校生と母親ペアに調査票を郵送し，高校生からは1,077の有効回収を，母親からは1,127の有効回収を得た．結果として1,070ペアの有効回収が得られた（有効回収率68.6%）．母親の年齢は最小値が36歳，最大値が58歳で，平均46.0歳（標準偏差3.6）であった．

なお2002年の調査では，高校生とその母親860ペアに対して調査票が郵送され，有効回収が得られたのは603ペア（70.1%）であった（溝井・吉川 2004）．

表序-2は，平成24年度の「学校基本調査」の全日制の高校における学科の

表序-1 「高校生と母親調査, 2012」の標本抽出と回収数

	全日制本科2年生	割当比率	ブロック別割当数	住民基本台帳人口	10万人以上都市居住人口	10万人以上都市居住人口割合	10万人以上都市割当数	10万人未満都市割当数	ブロック別有効回収数	ブロック別有効回収率
	A	C (=A/B)	E (=C×D)	F	G	H (=G/F)	I (=E×H)	J (=E×(1-H))	K	L (=K/E)
北海道	43,646	0.041	64	5,498,916	3,433,962	0.624	40	24	47	0.729
東北	82,726	0.078	122	9,352,142	4,693,071	0.502	61	61	95	0.777
首都圏	263,832	0.250	390	34,871,901	29,447,524	0.844	329	61	244	0.626
北関東・甲信越	107,319	0.102	159	12,360,847	6,123,642	0.495	79	80	106	0.668
東海・北陸	154,580	0.146	228	17,990,914	11,287,106	0.627	143	85	156	0.683
近畿	173,797	0.165	257	20,632,228	13,814,887	0.670	172	85	167	0.650
中国	63,674	0.060	94	7,552,617	5,366,625	0.711	67	27	69	0.733
四国	32,996	0.031	49	4,017,724	2,058,708	0.512	25	24	36	0.738
九州・沖縄	133,262	0.126	197	14,646,121	8,024,160	0.548	108	89	150	0.762
全国	B = 1,055,832	1.000	D = 1,560	126,923,410	84,249,685	0.664	1,024	536	1,070	0.686

分布と本データの高校生の学科の分布を示したものである．男子については「学校基本調査」のものより「高校生と母親調査, 2012」において，普通科の割合が1.6ポイント高く，工業に関する学科が2.6ポイント低く，情報に関する学科が1.1ポイント高い．女子については，「学校基本調査」のものより「高校生と母親調査, 2012」のほうが商業に関する学科の割合が低くなっている．

表序-3は，「高校生と母親調査, 2012」と平成22年度の「国勢調査」（35歳から54歳の有配偶女性），そして「親と子の生活意識に関する調査, 2011」（内閣府子ども若者・子育て施策総合推進室）の（母）学歴の分布を比較したものである．

「国勢調査」については，有配偶であっても子どもがいるかどうかは不明であるし，またいたとしても子どもの年齢も異なってくる．年齢が低い場合は学歴が低く，年齢が高い場合は学歴が高くなる．このような子どもの年齢と学歴の影響ができるだけ小さいと考えられる真ん中の2つの列の年齢カテゴリにおける学歴の分布を比較してみる．「国勢調査」には専門学校と高専の選択肢がなく，高校，短大，大学・大学院のいずれかのカテゴリとして扱われるため比較は困難であるが，大学・大学院の割合は42〜46歳および47〜51歳で，12〜15%で大きく異ならない．

序　章　高校生の進路選択へのアプローチ

表序-2　「高校生と母親調査，2012」の標本抽出と回収数

	「学校基本調査」（全日制のみ）			「高校生と母親調査，2012」		
	男性	女性	合計	男子	女子	全体
100 普通科	70.9%	74.3%	72.6%	72.5%	74.9%	73.7%
200 農業に関する学科	2.7%	2.5%	2.6%	3.2%	1.9%	2.6%
300 工業に関する学科	13.9%	1.5%	7.7%	11.3%	2.3%	6.7%
400 商業に関する学科	4.5%	8.3%	6.4%	4.0%	7.2%	5.7%
500 水産に関する学科	0.4%	0.1%	0.3%	0.2%	0.0%	0.1%
600 家庭に関する学科	0.3%	2.3%	1.3%	0.6%	2.3%	1.5%
700 看護に関する学科	0.1%	0.8%	0.4%	0.0%	0.2%	0.1%
720 情報に関する学科	0.1%	0.1%	0.1%	1.2%	0.8%	1.0%
750 福祉に関する学科	0.1%	0.5%	0.3%	0.2%	0.2%	0.2%
800 その他	2.9%	3.5%	3.2%	3.0%	4.3%	3.7%
801 理数関係				*1.6%*	*1.4%*	*1.5%*
802 外国語関係				*0.0%*	*0.2%*	*0.1%*
803 音楽・美術関係				*0.2%*	*0.6%*	*0.4%*
804 体育関係				*0.4%*	*0.6%*	*0.5%*
850 その他				*0.2%*	*0.8%*	*0.5%*
851 その他（普通科に近い）				*0.2%*	*0.2%*	*0.2%*
852 その他（理数科に近い）				*0.2%*	*0.4%*	*0.3%*
853 その他（専門学科に近い）				*0.2%*	*0.2%*	*0.2%*
900 総合学科	4.1%	5.9%	5.0%	3.6%	5.8%	4.8%
N	1,626,276	1,608,840	3,235,116	494	514	1,008

注：「高校生と母親調査，2012」については分類不能や無回答（計72名）を除いて集計している．学科名左にある番号は学校基本調査のもの．

「親と子の生活意識に関する調査，2011」は，全校240地点の層化2段無作為抽出法によって中学3年生とその保護者から回答を得ている．この調査から母親（平均44.1歳，標準偏差4.4，最小30，最大59）の学歴についてみると，大学・大学院は全体で14.2%となっている．これは，「高校生と母親調査，2012」の13.5%とほぼ同水準であるといえる．

以上より，高校生の通う学校という点についても，また母親の学歴という点についても，母集団の分布と大きく変わらないデータが得られたといえる．なお，「OECD（経済協力開発機構）生徒の学習到達度調査（Programme for International Student Assessment，通称はPISA）」については，母親の学歴が大学以上（ISCED 5A, 6）であるのは約25%であり，かなり高くなっている．

巻末の付録には，主要な変数の分布や作成方法等を示した．

表序-3 学歴の分布の比較

	中学校	高校	専門学校	短大高専	大学大学院	合計	N
「高校生と母親調査，2012」							
37-41歳	5.3%	67.4%	9.5%	13.7%	4.2%	100.0%	95
42-46歳	0.6%	39.2%	18.3%	29.6%	12.3%	100.0%	503
47-51歳	0.0%	35.2%	17.6%	33.9%	13.3%	100.0%	369
52-56歳	1.3%	22.8%	11.4%	31.6%	32.9%	100.0%	79
合計	0.9%	39.1%	16.7%	29.8%	13.5%	100.0%	1,046
2010年度「国勢調査」（有配偶女性）							
37-41歳	4.3%	41.3%	—	36.0%	18.4%	100.0%	2,950,390
42-46歳	4.3%	47.9%	—	32.7%	15.1%	100.0%	2,800,525
47-51歳	4.0%	51.5%	—	30.7%	13.8%	100.0%	2,742,748
52-56歳	6.0%	52.6%	—	27.6%	13.8%	100.0%	2,751,428
合計	4.6%	48.0%	—	31.9%	15.4%	100.0%	14,954,169
「親と子の生活意識に関する調査，2011」							
37-41歳	3.4%	59.2%	16.8%	17.9%	2.7%	100.0%	524
42-46歳	1.2%	40.6%	15.6%	28.4%	14.3%	100.0%	1,111
47-51歳	0.9%	34.2%	17.5%	27.7%	19.7%	100.0%	793
52-56歳	3.0%	28.5%	17.5%	29.0%	22.0%	100.0%	200
合計	1.7%	41.4%	16.6%	26.1%	14.2%	100.0%	2,628

注1：「国勢調査」と「親と子の生活意識に関する調査，2011」の年齢は2012年時のものを示している．
 2：「国勢調査」には専門学校・高専がカテゴリとして存在しておらず，高校・短大・大学（院）のいずれかのカテゴリに含まれている．
 3：「高校生と母親調査，2012」は高校2年生の子どもを持つ母親が対象となっているため，国勢調査と比較すると母親年齢の低いカテゴリで短大・大学（院）が少なくなり，年齢が高いカテゴリで短大・大学（院）が多くなっている．

3 「高校生と母親調査，2012」データの特徴

ここで，調査データの特徴について述べたい．それは（A）親子ペアデータであること，（B）学校調査ではない全国調査データであること，（C）海外の仮説を検証できるデータであること，そして仮説検証だけではなく，（D）二次分析のための項目も豊富にあるデータであることの4つである．

（A）親子ペアデータ

将来を考える上で，個人が最も影響を受けるのはおそらく親だろう．これまで繰り返し指摘されてきたように，高校生の進路希望や学校生活は，家族の社会経済的な状況とは無関係ではない（尾嶋編 2000; 尾嶋 2002; 片瀬 2005）．進学

率が大きく上昇した現在でも，親の収入や学歴によって高校生の卒業後の進路は異なってくる．このような家庭の社会経済的状況の影響を明らかにするためには，できるだけ正確な高校生の家庭の情報を得る必要がある．

通常の学校通しの調査であれば，高校生自身に親の職業・学歴や豊かさなどをたずねる必要がある．そのため，学校側から拒否されたり，また高校生が親の職業，学歴，収入などを知らないこともある．先ほど示したように，無作為抽出の全国調査であっても，高校生に直接家庭の状況についてたずねた PISA では，母親の学歴がやや高くなっている（生徒が母親の学歴が短大卒であっても大学卒と答えている可能性がある）．しかし，本調査のように親子ペアで回収すれば，家庭の社会経済的状況については親に回答してもらうことが可能であり，より正確な情報が得られると考えられる．なお，家庭の社会経済的状況に関するどのような変数を得るのかについては，「社会階層と社会移動調査」（SSM 調査）や「働き方とライフスタイルの変化に関する全国調査」（JLPS）を参考にした．

また，親の影響を客観的な要因だけで測るのではなく，親の実践や意識などから明らかにする必要がある．子どもが将来できるだけ有利になるように，戦略的に関わっていく親がいる一方で，子どもと関わっている時間がなかったり，そもそも子どもに（影響があることを知っていても知っていなくても）関わろうともしない親もいるだろう．このような親の子どもへの関わりや社会や教育に対する意識などについての情報も得ている．

またいくつかの変数については親子共通の項目を用いているため，親子間の比較が可能であることや，母親の意識，行動，これまでのライフコースと高校生の意識との関連をみることが可能である．実際に，本書のいくつかの分析が，高校生の意識と母親の意識やライフコースの関連を検討する分析を行っている．

しかし親子のデータといっても，本調査は母親のみを対象としている．したがって父子家庭は対象とならないし，父も母もいない高校生は対象とならないという問題がある．父親の意識のほうが母親の意識をみるよりも重要な側面があることも考えられる．本書の結果をみる上では，母親のいる高校生のみが対象となっているという点に注意をしていただきたい．

（B）学校通しではない全国調査データ

「高校生と母親調査，2012」は，全国的な特徴をとらえること，そして親の正確な情報を得ることを目的としているため，学校通しの調査ではなく，高校生と母親の住所に直接調査票を送るという方法をとっている．

高校生の進路に関する調査の多くは，有意抽出の学校通しの調査であり，同じ学校に通う生徒のデータが得られるため，学校の特徴を利用した分析が可能となる．「国際数学・理科教育調査（TIMSS）」やPISAは学校を無作為抽出し，そこから生徒を抽出するという多段抽出法を用いている．したがって，同じ学校に通う生徒が複数名参加していることになる．またそれぞれの学校に対する調査も行っている．このような学校の特徴を用いることで，学校レベルの特徴と個人レベルの特徴の関連をみるためのマルチレベル分析も可能となる（古田 2012; Matsuoka 2014）．

学校内部での経験が進路希望に与える影響をみる研究では，同じ学校に通う生徒が複数いるようなデータであるほうが，異なる高校の生徒を比較するよりも良いだろう．もちろん，本データでも高校の名前はわかるため，その選抜性などは受験情報誌などから得られるものの，それ以外にどのような高校なのかについての情報が得られないし，また得られたとしてもそれをまとめるためには多くの時間と労力が必要となる（約1,000校の情報を収集しないといけない）．学校によって異なる高校生の生活や学校内部の過程の詳細を明らかにする上では，このデータを用いることは適していない．

（C）仮説検証のためのデータ

これまで，海外の研究で提示された仮説を直接検証できるデータはほとんど存在していなかった．たとえば，教育選択のメカニズムに関して注目した仮説として，ブリーン（Breen, R.）とゴールドソープ（Goldthorpe, J. H.）の相対的リスク回避説（Relative Risk Aversion：RRA）が注目を集めている（Breen and Goldthorpe 1997. 第1章または藤原翔（2012）や平沢和司他（2013）を参照）．この仮説を直接的に検証するためには，職業や教育に対する意識・態度といった主観的変数と社会経済的背景についての客観的変数との関連をみる必要があるのだが，そういった仮説検証が可能なデータはなかった．

他にも，教育選択については，教育の量的側面（学歴）の格差から質的側面（学校歴や学科）の格差へのシフトに関する仮説である Effectively Maintained Inequality (EMI) 仮説 (Lucas 2001)，男女の専門分野選択の差異に関する比較優位仮説 (Jonsson 1998)，時間選好や一般的なリスク回避といった経済学的アプローチ (Breen et al. 2014) など，日本でも検討するに値する仮説やアプローチが提示されているのにもかかわらず，その検証が試みられることはなかった．教育に関する格差の実態はいくらかわかっているが，なぜそうなっているのかそのメカニズムはわからない．格差のメカニズムを検証することができなければ，その解消のための政策提言を行うことはできない．

このような問題を背景とし，高校生の進路希望，つきたい職業，あるいはライフコース展望がどのようになっているのかという実態把握と親の関与やメカニズムに関する仮説検証を行うためのデータが収集された．

(D) 二次分析のためのデータ

先に述べたように「高校生と母親調査，2012」は，そもそも相対的リスク回避説といった海外の社会階層研究で検証されている仮説の日本での妥当性を明らかにするために行われている．しかし，データを寄託・公開し，他の研究者が二次分析を行いやすいように，教育社会学や社会階層論の研究を中心に質問項目を吟味し，できるだけ幅広い変数を収集することも心がけた．特に尾嶋史章の研究グループで用いられている調査データの項目を参考にした（尾嶋編 2001）．また，上記仮説を検討する上で考慮すべき仮説に関する項目（たとえば文化的資源の量など）を追加した．しかし学校の様子や教師についての項目など，学校通しの調査で収集して分析したほうがよいと考えられる情報については収集していない．

質問項目や分布については，東京大学社会科学研究所附属社会調査・データアーカイブ研究センターのSSJデータアーカイブで調査票や集計表が公開されているので，それらを参照されたい．

他の高校生の進路や意識に関する著書で用いられた調査データと本書が用いた「高校生と母親調査，2012」データの特徴をまとめたのが表序-4である．

第 1 章では 2002 年との比較が行われているものの，他の章については 2012 年のデータしか用いていない．したがって，他の高校生の進路を扱った著書のように時代変化を明らかにするという方法はとっていない．むしろ，全国の親子ペアデータの利点を生かした計量分析によって，現在の高校生の進路選択の実態とメカニズムを描き出すというのが本書の主たるアプローチである．

表序-4　高校生の進路や意識に関する研究とデータの特徴

著書	尾嶋編 (2001)	樋田他編 (2000) 樋田他編 (2014)	片瀬 (2005) 海野・片瀬編 (2008)	友枝・鈴木編 (2003) 友枝編 (2009, 2015)	本書
時期	1981 年 1997 年	1979 年 1997・1999 年 2009 年	1987 年 1988 年 1994 年 1999 年 2003 年	2001 年 2007 年 2014 年	2002 年 (1 章のみ) 2012 年
地域	兵庫県	東北地方 A 県 中部地方 B 県	仙台圏	福岡・大阪（2007 年度より）・東京（2014 年度より）	全国
学年	3 年生	2 年生	2 年生	2 年生	2 年生
親への調査	なし	なし	父親・母親	なし	母親
方法	学校経由の自記式集合調査	学校経由の自記式集合調査	学校経由の自記式集合調査（親については生徒を通じた配票・回収）	学校経由の自記式集合調査	調査会社のモニターに対する郵送法

4　本書の課題・構成

本書は「高校生と母親調査，2012」データを用いた二次分析研究会から得られた知見をまとめたものである．したがって，全ての章で「高校生と母親調査，2012」のデータが用いられている．もちろん二次分析であるため，調査プロジェクトの当初の研究計画と重なりながらも若干異なるテーマが選択されている．執筆者の専門は教育社会学，社会階層論，家族社会学，労働社会学，ジェンダー論など多岐にわたる．

研究会の中心的な課題は，現代の高校生の卒業後の進路だけではなく，進学

序　章　高校生の進路選択へのアプローチ

者や進路・入試方法の多様性，職業希望，海外志向，性別分業意識，ライフコース展望といったさまざまな視点を含めた高校生の進路選択が，主に家族や学校の影響を中心としてどのように形成されているのかを，「高校生と母親調査，2012」データを用いた計量分析から描き出すことである．

本書の構成は次のとおりである．まず第Ⅰ部では，「高校生の進路選択の実態」というテーマで進路希望，大学入学方法，そして職業希望が扱われる．

まず第1章では藤原翔が，2002年から2012年までの大学進学率が上昇する中で，進路希望の社会経済的格差が拡大したのかどうかを分析し，進路希望に対する家族の影響の強固さを示す．大学進学率が上昇するということはこれまで大学には進学しなかったような層が進学してくるようになったということを意味する．これまでは大学進学を希望するものは，学校生活に満足した勉強にも真面目な高校生ととらえられてきたが，学校生活に満足せず勉強にも真面目でないが，大学への進学を希望する者もいる可能性がある．続く第2章では古田和久が，進学希望者にはこのような「学校適応的」な層だけではなく，「学校不適応」な層が一定数いることを示し，その主観的な特徴と客観的な特徴を明らかにする．そして進学率が上昇する中では，どのような段階の学校まで進学するのかだけではなく，どのような学校に進学するのかがより重要となってくる．第3章では白川俊之が，大学・短大の専門分野を含めた進路希望を検討する必要性を示し，社会階層的要因や親の学校経験が専門分野選択に与える影響を明らかにする．また，大学進学ルートも多様化している．第4章では西丸良一が，大学入学への選抜方法の多様化を背景とし，今日における大学進学希望者の入試方法と進学理由の関連について分析を行う．大学進学を動機付けるものとしては，単に大学で専門的なことを学びたい，あるいは大学生活を満喫したいというだけではなく，将来どのような職業につきたいのかということも関連してくるだろう．そこで，第5章では多喜弘文が，高校生の職業希望と地位達成志向および自己実現志向の関連を検討する．

第Ⅱ部では，「高校生の進路選択と家族・ジェンダー」というテーマのもとで，高校生の進路選択と母親の意識との関係やジェンダーに関する分析が行われる．

第6章では中澤渉が，親子の進路希望の一致／不一致について分析を行い，

それと母子のコミュニケーションや階層要因がどのような関係にあるのかを明らかにする．第7章では髙松里江が，グローバルな舞台で活躍できる人材が求められる中，どのような高校生が海外での仕事を希望するのかを，ジェンダーの問題と関連付けて明らかにする．第8章では小川和孝が，母子のマッチングが可能なデータの強みを活かし，母親の性別役割分業意識が伝統的であることが，子どもの性別役割分業意識の伝統性を強めるのかどうかを検討する．第9章では苫米地なつ帆が，母親の就労形態や意識が高校生の進路希望やライフコース展望にどのような影響を与えるのかを明らかにする．

そして，終章では中澤が，これまでの日本における研究動向を踏まえつつ，各章の分析の知見をもとに，今後の研究課題を検討する．

付記
　本書の全ての章・付録を執筆するに当たって，東京大学社会科学研究所附属社会調査・データアーカイブ研究センター SSJ データアーカイブから「高校生と母親調査，2012（2012年高校生と母親調査研究会）」の個票データの提供を受けた．なお一部変数については「2012年高校生と母親調査研究会」より提供されたものを使用している．
　また，本章を執筆するに当たって，SSJ データアーカイブから「親と子の生活意識に関する調査，2011（内閣府子ども若者・子育て施策総合推進室）」の個票データの提供を受けた．記して感謝申し上げる．

文献
阿部彩，2008，『子どもの貧困——日本の不公平を考える』岩波書店．
Breen, Richard, Herman G. van de Werfhorst, and Mads Meier Jæger, 2014, "Deciding under Doubt: A Theory of Risk Aversion, Time Discounting Preferences, and Educational Decision-making," *European Sociological Review*, 30: 258–70.
Breen, Richard and John H. Goldthorpe, 1997, "Explaining Educational Differentials: Towards a Formal Rational Action Theory," *Rationality and Society*, 9: 275–305.
藤原翔，2012，「高校選択における相対的リスク回避仮説と学歴下降回避仮説の検証」『教育社会学研究』91: 29–49.
古田和久，2012，「高校生の学校適応と社会文化的背景——学校の階層多様性に着目して」『教育社会学研究』90: 123–44.
被調査者の調査研究員会編，2007，『平成18年度　調査技術研究部会　報告書』

社団法人日本マーケティング・リサーチ協会調査技術研究部会．
樋田大二郎・耳塚寛明・岩木秀夫・苅谷剛彦編，2000，『高校生文化と進路形成の変容』学事出版．
樋田大二郎・苅谷剛彦・堀健志・大多和直樹編，2014，『現代高校生の学習と進路──高校の「常識」はどう変わってきたか？』学事出版．
平沢和司・古田和久・藤原翔，2013，「社会階層と教育研究の動向と課題──高学歴化社会における格差の構造」『教育社会学研究』93: 151-91．
Jonsson, Jan O., 1998, "Explaining Sex Differences in Educational Choice An Empirical Assessment of a Rational Choice," *European Sociological Review*, 15: 391-404.
片瀬一男，2005，『夢の行方──高校生の教育・職業アスピレーションの変容』東北大学出版会．
吉川徹，2009，『学歴分断社会』ちくま書房．
小林雅之，2008，『進学格差──深刻化する教育費負担』ちくま書房．
Lucas, Samuel R., 2001, "Effectively Maintained Inequality: Education Transitions, Track Mobility, and Social Background Effects," *American Journal of Sociology*, 106(6): 1642-90.
Matsuoka, Ryoji, 2014, "An Empirical Investigation of Relationships between Junior High School Students' Family Socioeconomic Status," *Sociological Theory and Methods*, 29(1): 147-65.
溝井暁・吉川徹，2004，「進路希望と学校・教育に対する自由回答意見の記述的計量分析」川端亮編『社会調査における非定型データ分析支援システムの開発』平成13年度―平成15年度科学研究費補助金（基盤研究（B）（2））研究成果報告書，101-33．
中村高康編，2010，『進路選択の過程と構造──高校入学から卒業までの量的・質的アプローチ』ミネルヴァ書房．
尾嶋史章編，2001，『現代高校生の計量社会学──進路・生活・世代』ミネルヴァ書房．
尾嶋史章，2002，「社会階層と進路形成の変容── 90年代の変化を考える」『教育社会学研究』70: 125-42．
佐藤俊樹，2000，『不平等社会日本──さよなら総中流』中央公論新社．
数土直紀編，2015，『社会意識からみた日本──階層意識の次次元』有斐閣．
橘木俊詔，1998，『日本の経済格差──所得と資産から考える』岩波書店．
橘木俊詔，2010，『日本の教育格差』岩波書店．
太郎丸博，2012，「アクセスパネル／モニター調査」見田宗介編集顧問，大澤真幸・吉見俊哉・鷲田清一編『現代社会学事典』弘文堂，9-10．
トロウ，マーチン A.（天野郁夫・喜多村和之訳），1976，『高学歴社会の大学──エリートからマスへ』東京大学出版会．

友枝敏雄編，2009，『現代の高校生は何を考えているか——意識調査の計量分析をとおして』世界思想社．
友枝敏雄編，2015，『リスク社会を生きる若者たち——高校生の意識調査から』大阪大学出版会．
友枝敏雄・鈴木譲編，2003，『現代高校生の規範意識——規範の崩壊か，それとも変容か』九州大学出版会．
海野道郎・片瀬一男編，2008，『〈失われた時代〉の高校生の意識』有斐閣．

第 I 部

高校生の進路選択の実態

第 1 章

進学率の上昇は進路希望の社会経済的格差を縮小させたのか
2002 年と 2012 年の比較分析

藤原　翔

1　なくならない教育達成の社会経済的格差

　教育達成とは個人がどの学校まで行ったのかあるいはどの学校を卒業し学歴を得たのかを意味する．日本では，中学，高校，専門，短大，大学といったカテゴリが教育達成として扱われる．教育達成はさまざまな要因によって決まってくるが，それが親の学歴や収入といった社会経済的背景（出身階層ともよばれる）によって異なることは，教育達成の社会経済的格差や教育機会の不平等（inequality of educational opportunity, IEO）と呼ばれ，社会階層研究や教育社会学の古典的なテーマとして取り組まれてきた．

　これまで多くの研究が蓄積されてきたが，そこで示されたのは進学率が上昇し，ますます多くの人々がより多くの教育を受けるようになってきたものの，社会経済的背景による教育達成の差は依然として残り続けるというものであった（たとえば Shavit and Blossfeld 1993）．進学率が上昇すれば，自然と教育達成の社会経済的格差は縮小するという楽観的な予測はデータから否定された．近年では，長期的には格差が縮小傾向にあるという報告が国内外にあるが（Breen et al. 2009; 近藤・古田 2009），決して格差がなくなったわけではない．大学に行く／行かないといった選択は，単に個人の興味・関心や学力・成績によってのみ決まるのではなく，どのような家庭に育ったのかということが，「大学全入時代」と呼ばれる今日の日本においても，その選択に重要な影響を与えている

のである.

　それでは，このような教育達成の社会経済的格差はどのようにして生じているのだろうか．たとえばブードン（Boudon, R.）は格差生成のメカニズムを，学力の社会経済的格差によるもの（第1次効果）と，学力が同水準でも残る社会経済的背景そのものによるもの（第2次効果）の2つに整理した（Boudon 1974: 29-30）．第1次効果については，遺伝的な要因や環境的な要因（子育て・教育方針，学習環境，文化的資源）が考えられる[1]．また第2次効果については，大学進学にかかる直接的・間接的費用を負担できるかどうかや，学歴から得られる便益が家庭の位置する社会的背景によって異なることなどが考えられる．ブリーン（Breen, R）とゴールドソープ（Goldthorpe, J. H.）も，学力差，経済的資源の差（経済的な制約），そして地位の下降移動回避（相対的リスク回避説）の3つに分けて，メカニズムを論じている（Breen and Goldthorpe 1997）．近年では，実証研究にこの枠組を適用し，教育達成に対する社会経済的背景の影響を，第1次効果と第2次効果に分けて推定し，その相対的影響を比較しようと試みる研究もある（Jackson 2013）．

　本章ではこれらの研究を背景としながら，2000年代初頭から2010年代初頭にかけて生じた進学率の上昇の中で，高校生の通う高校の選抜性や高校生の進路希望に対する成績と社会経済的背景の影響がどのように変化したのかを明らかにする．また社会経済的背景の影響における第1次効果と第2次効果の相対的な重要性やその変化についても検討する．このような作業を通じて，日本における教育達成の社会経済的格差の実態を明らかにするのが本章の目的である．

2　教育達成・進路希望の社会経済的格差研究と本章の課題

(1) 先行研究

　日本では「社会階層と社会移動調査」（SSM調査）から，親の職業や学歴が子どもの教育達成に与える影響のトレンドが示されてきた．原純輔・盛山和夫（1999）や荒牧草平（2000）は親の職業による格差が一定であることを示した．一方，近藤博之・古田和久（2009）は，父職・親学歴・所有財の3つの社会経済的背景の指標の影響を検討し，高度経済成長期以降の進学となる生年コーホ

ートでは，どの指標についても格差が縮小傾向にあることを明らかにした．また，その後の 1980 年代後半以降に進学する生年コーホートでは，親学歴には格差拡大，父職は一定，所有財については格差縮小という結果が得られている．以上の結果から，近藤・古田（2009）は大局的には所有財の影響にみられるように，格差縮小の動きが持続していると結論付けている．

　このような大規模な社会調査は幅広い年代が対象となっており，長期的趨勢を把握するのには向いている．しかし，若年者のサンプルサイズが小さくなるため，近年の動向を明らかにすることが困難である．そこで，近年の教育機会の不平等の動向については，高校生を対象とした繰り返し調査から検討が行われている．

　耳塚寛明（2000）は，1979 年と 1997 年に東北地方と中部地方の 2 つの県で行われた高校 2 年生を対象とした調査データの比較分析から，大学志望か否かに対する，学校ランク，高校での成績，母学歴の影響力は上昇し，父学歴と父職の影響力は低下していることを明らかにした．また，2009 年のデータを加え，3 時点の比較分析を行った中西啓喜（2014）は，進路希望に対して，社会階層，高校トラック，高校成績が影響を与えるというパターンに変化がみられないことを明らかにしている．そして，進路希望に対する高校における成績の影響力が高まってきたことを指摘している．

　尾嶋史章（2002）は，1981 年と 1997 年に兵庫県南東部の高校 3 年生を対象とした調査データから，父職業・父学歴・母学歴から作成された総合階層指標，高校のランク，希望進路の関連を男女別に分析した．その結果，男子については 2 時点間で変数間の関連に変化がほとんどみられないことが明らかになった．一方，女子については，希望進路に対する出身階層の直接的な影響が弱まり，高校ランクを媒介とした間接的な影響が強まっていることが示された．また大学・短大・専修学校への進学と就職の分化を従属変数とし，さらに家庭の経済状況についての変数を加えた分析からは，男子についても女子についても家庭の経済状況の影響が強まっていることが明らかになった．このように，尾嶋（2002）の研究からは，80 年代初頭と比較して高等教育の拡大した 90 年代後半では，経済階層による格差が拡大したことが分かる．

　一方，片瀬一男（2005）は，仙台圏の高校・高専の 2 年生とその親を対象と

した調査から，進路希望に対する父職の影響が，高校種別を経由した間接効果についても，高校種別を経由しない直接効果についても1994年から1999年にかけて減少したことを明らかにした．

以上より，高校生の進路希望に対する社会経済的背景の影響やその変化に関する研究結果は，一致していないことが分かる．その原因としては，比較する時代，対象となった高校生の学年や居住地，従属変数の扱いや用いる社会経済的背景に関する変数や統制変数が異なるなど，さまざまな要因が考えられる．

果たして高校生の進路希望の社会経済的格差は拡大したのか，一定なのか，それとも縮小したのか．以下では，高校生と母親の全国調査データを用いた分析から，高校生の進路希望に対する社会経済的背景の影響がどのように変化したのかを，成績や学校タイプを媒介とした間接的な影響も考慮しつつ検討する．

(2) 本章の課題

2000年代から2010年代の間に生じた進学率の上昇の中で，高校生の進路希望の形成メカニズムはどのように変化したのだろうか．分析を行うにあたって，以下のようなリサーチクエスチョン（RQ）をたてた．

どのような高校に進学するかによって，その後の進路選択の機会と範囲が制限されることはよく知られている（藤田 1980）．そこでまず，高校生の通う高校の選抜性（高校偏差値）と社会経済的背景の関連がどのように変化したのかを検討する．

RQ1：高校偏差値に対する社会経済的背景や中学時の成績の影響はどのように変化したのか．

そして，高校卒業後の進路希望に対して社会経済的背景，通っている高校のタイプ，成績がどのように影響しているのか，またそれはどのように変化したのかを検討する．

RQ2：高校2年生の進路希望に対する社会経済的背景，中学時の成績，高校時の成績，そして学校タイプの影響はどのように変化したのか．

そしてこれらの分析結果から，社会経済的背景が成績などを媒介として高校偏差値や進路希望に与える影響（第1次効果）と直接的に高校偏差値や進路希望に与える影響（第2次効果）がどの程度なのかを示す．

RQ3：高校偏差値や進路希望に対する第1次効果と第2次効果の相対的な重要性はどの程度なのか．

以上のリサーチクエスチョンを通じて，2000年代以降の高校生の進路希望のメカニズムとその変化を明らかにする．

3　分析方法

（1）データと対象者

2002年と2012年に行われた「高校生と母親調査」データを用いて分析を行う．分析対象となったのは，2002年が501ケース，2012年が895ケースである．なお進路希望は高校生のものを用いるが，母親が高校生に期待する進路を代わりに用いても結果に大きな違いはみられなかった．

（2）変数

第1の分析で用いる従属変数は通っている高校の偏差値である．2002年のデータについては，関塾が発行している「全国高校・中学偏差値総覧」の2004年度版の偏差値を，2012年のデータについては，同塾の発行する同総覧の2007年度版の偏差値を用いた[2]．

第2と第3の分析で用いる従属変数は，高校生の希望進路である．希望進路を従属変数として扱う際，順序変数（高校／専門／大学）や2値変数（大学進学／それ以外）にし，ロジットモデルを用いる方法があるが，結果の解釈のしやすさから教育年数（期待教育年数）を用いる[3]．高校まで（就職）は12年，短大と専門学校は14年，大学は16年，大学院は18年となる．なお，その他，未定，無回答は分析から除いた（約3%）．

次に独立変数について説明する．社会経済的背景については，2002年の調

査と 2012 年の調査で比較可能な，親の学歴と世帯収入を用いる．親の学歴は，父親と母親の学歴を組み合わせ，両親とも専門学校以下，いずれかが短大以上，両親とも短大以上という大きくサイズの異ならない 3 カテゴリとした．父不在の場合は，父親の学歴を専門学校以下としている．世帯収入（単位：万円）は自然対数変換したものを用いた[4]．一般に社会階層研究においては，これらに加え，親の職業が社会経済的背景の指標として用いられる．しかし，2012 年は自由回答を用いて親の職業をたずねているが，2002 年ではプリコードを用いており，時点間の比較ができないため本章では使用しない[5]．

第 1 の分析では中学 3 年時の成績についての 5 段階の自己評価を，第 2 の分析では中学 3 年時の成績と高校 2 年時の成績についての 5 段階の自己評価を独立変数に用いる（0 〜 4 点に変換）．中学 3 年時の成績は一般的な学力の高低を，高校時の成績については同じ高校の学年内での相対的な学力の高低を示しているものと解釈することができる．

また第 2 の分析では通っている高校のタイプも独立変数として投入する．ここでは偏差値だけではなく，学科の影響も考慮し，普通科を偏差値で 3 等分した普通科 A（偏差値 60 以上，平均偏差値 66），普通科 B（偏差値 50 前半〜 60，平均偏差値 56），普通科 C（偏差値 50 前半以下，平均偏差値 45 〜 46）と専門学科（総合学科を含む，平均偏差値 45 〜 46）の 4 つのタイプの高校に分類した．

表 1-1 に分析に用いた変数の記述統計を示した．2002 年と 2012 年を比較すると，進路希望は男性では就職希望がやや増え，専門希望がやや減っている．大学と大学院を希望するものは，どちらの年度も約 72% でありほとんど変化していない．また，女性については，就職希望，専門希望，短大希望がやや減少し，大学を希望するものが増えている．実際の進学率の変化と比較すれば，この 10 年で進路希望にはそこまで大きな変化はない（図序-1 を参照）．

(3) 分析モデル

従属変数は高校偏差値と期待教育年数という量的変数なので，どの分析にも線形回帰モデルを用いる．しかし都道府県によって高校の序列，学科構成といった高校に関する特徴やあるいはどれだけ大学があるかといった高等教育機関に関する特徴などが異なってくる．もちろん都道府県によって産業構造なども

表 1-1 分析に用いた変数の記述統計

	2002 年 (N = 501)				2012 年 (N = 895)			
	平均値（割合）	標準偏差	最小値	最大値	平均値（割合）	標準偏差	最小値	最大値
進路希望（男子）								
高校まで（就職）	14.5%				18.5%			
専門	12.1%				8.4%			
短大	1.2%				0.9%			
大学	65.7%				62.9%			
大学院	6.5%				9.3%			
期待教育年数	15.282	1.615	12	18	15.262	1.778	12	18
進路希望（女子）								
高校まで（就職）	13.4%				10.1%			
専門	18.2%				16.7%			
短大	9.5%				7.9%			
大学	56.1%				62.9%			
大学院	2.8%				2.4%			
期待教育年数	14.964	1.518	12	18	15.154	1.407	12	18
性別								
男子	49.5%				49.1%			
女子	50.5%				51.0%			
親学歴								
いずれも専門以下	37.5%				37.8%			
いずれかが短大以上	31.1%				34.2%			
両親とも短大以上	31.3%				28.0%			
世帯収入（対数変換済み）	6.610	0.488	4.605	7.696	6.430	0.494	4.605	8.294
学校タイプ								
専門学科	17.6%				23.7%			
普通科 C（偏差値 50 前半以下）	26.8%				23.7%			
普通科 B（偏差値 50 前半〜60）	28.5%				26.8%			
普通科 A（偏差値 60 以上）	27.2%				25.8%			
高校偏差値	54.293	9.142	34	76	53.288	9.493	33	78
中学 3 年時成績	2.461	1.132	0	4	2.447	1.148	0	4
高校 2 年時成績	2.144	1.191	0	4	2.075	1.198	0	4

異なってくる．これら都道府県の影響を取り除いた上での社会経済的背景が高校偏差値や期待教育年数に与える影響をみるために，固定効果モデル（Allison 2009）を用いた．したがって，各独立変数の推定値は，都道府県差を取り除いた上での，高校偏差値や期待教育年数に対する効果として解釈することが可能である．

　モデルについては，初めにまず女性ダミー，親学歴，世帯収入のみを独立変数として用い，社会経済的背景の総効果を明らかにする（モデル 1）．その上で，

中学時成績，高校時成績，学校タイプなどの情報を加え（モデル2），各変数の効果の検討を行う．そして，モデル1とモデル2の社会経済的背景についての推定値を比較し，総効果にしめる間接効果（第1次効果）と直接効果（第2次効果）の割合を求める．

なお，2002年と2012年の比較をする上で，年別に推定値を求めた．

4 高校偏差値に対する家族と成績の影響

まず，高校偏差値に対する社会経済的背景や中学時の成績の影響はどのように変化したのかを，都道府県の影響をコントロールする固定効果モデルから検討する．

モデル1は成績を含めず，女性ダミー，親学歴，世帯収入のみが高校偏差値に影響を与えているとしたモデルである．結果は表1-2に示した．2002年についても2012年についても親の学歴の効果も世帯収入の効果も統計的に有意である．モデルの説明力を表す R^2 をみると，親の学歴と世帯収入を投入した

表1-2 高校偏差値に対する社会経済的背景と成績の影響

	モデル1		モデル2		間接効果の割合		直接効果の割合	
	2002年	2012年	2002年	2012年	2002年	2012年	2002年	2012年
性別（0 = 男性，1 = 女性）	0.839	−0.250	0.124	−0.359				
	(0.701)	(0.525)	(0.665)	(0.319)				
親学歴								
（基準：いずれも専門以下）								
いずれかが短大以上	3.997**	3.649**	2.461*	2.320**	38.4%	36.4%	61.6%	63.6%
	(1.116)	(0.625)	(1.013)	(0.619)				
両親とも短大以上	6.621**	6.108**	4.635**	4.085**	30.0%	33.1%	70.0%	66.9%
	(1.399)	(0.747)	(1.285)	(0.625)				
世帯収入（対数変換）	3.879**	3.778**	3.269**	1.970**	15.7%	47.9%	84.3%	52.1%
	(0.841)	(0.579)	(0.747)	(0.525)				
中学3年時成績			3.847**	4.266**				
			(0.355)	(0.255)				
切片	24.910**	26.160**	20.940**	28.430**				
	(5.428)	(3.696)	(4.622)	(3.227)				
N	501	895	501	895				
R^2	0.165	0.149	0.382	0.408				
AIC	3496.3	6336.0	3347.7	6013.9				

注1：都道府県の固定効果推定．値は非標準化偏回帰係数．括弧内の値は都道府県をクラスタとした標準誤差．
　2：† $p < 0.10$，* $p < 0.05$，** $p < 0.01$．

モデル 1 によって，高校偏差値のばらつきが 2002 年では 16.5%，2012 年では 14.9% ほど説明されている．

親学歴については，親の学歴がいずれも専門以下の生徒と比較すると，親のいずれかが短大以上を経験していると高校偏差値は約 3.6 〜 4.0 ポイント高くなり，また両親とも短大以上であると高校偏差値は 6.1 〜 6.6 ポイント高くなる．親のいずれかが短大以上と両親とも短大以上の差についても統計的に有意であった．親学歴が高いと，子どもの通う高校の偏差値は高い傾向がある．

対数変換済み世帯収入の回帰係数は，世帯収入が 1% 増加した時に高校の偏差値が $\beta / 100$ ほど増加することを意味する．2002 年では対数変換済み世帯収入の係数は 3.879 であり，統計的に有意である．世帯収入が高いほど高校偏差値は高くなる傾向があり，世帯収入が 1% 増加すれば，高校偏差値は 0.03879 増加する．2012 年は世帯収入の係数は 3.778 であり，影響力はほとんど変化していない．

モデル 1 の結果から，2002 年と 2012 年の間で高校の選抜性に対する社会経済的背景がほとんど変化していないことがわかる．

モデル 1 に中学時成績を加えたのがモデル 2 である．中学時成績の効果は統計的に有意であり，これを投入することでモデルの説明力（R^2）は 2002 年では約 38%，2012 年では約 41% へとモデル 1 に比べ大幅に上昇する．つまり，中学時の成績が高校偏差値の違いを大きく説明しているといえる．

また，このような強い影響をもつ中学時の成績を投入することによって，親の学歴と世帯収入の効果は減少している．これはモデル 1 で示された親学歴や世帯収入の効果（総効果）には，中学時成績を媒介とした間接効果が存在するためである．このような中学時成績を媒介とした間接効果と中学時成績を媒介としない直接効果の総効果に占める割合は表 1-2 の右側に時点別に示している．

モデル 1 とモデル 2 を比較すると，親のいずれかが短大以上の効果は 2002 年では 3.997 から 2.461 へと減少しており，中学時成績を媒介とした間接効果が総効果に占める割合は 38.4%（＝ [3.997 − 2.461] ÷ 3.997 × 100）となる．同様にして，2012 年では 3.649 から 2.320 へと減少し，間接効果の割合は 36.4% となる．両親とも短大以上についての間接効果は，2002 年では 30.0%，2012 年では 33.1% となる．世帯収入については，間接効果は 2002 年では 15.7%，2012

年では47.9%であり，世帯収入の間接効果の割合が増加している．

この中学時成績を媒介とした間接効果は，第1次効果（学力差によって生じる高校偏差値の社会経済的格差）と解釈することができる．しかし，中学3年時成績を用いることで，親の学歴と世帯収入の効果は減少したものの，依然として有意であり，高校の選択に直接的に影響を与え続けている．この直接効果は第2次効果（学力差を考慮しても残る，社会経済的背景によって異なる選択の差）と解釈することができる．

第1次効果と第2次効果の重要度を比較すると，第2次効果のほうがやや大きい傾向がある．つまり，高校の選択における社会経済的格差は，社会経済的背景による学力差だけでは十分に説明されず，その半分以上が学力を媒介としない直接的な影響によって生じているのである．

それでは，モデル2から時代による変化があるのかどうかを検討する．モデル2の対数変換済み世帯収入の効果のみが，2002年と2012年の間で減少している．しかし先に示したように，中学3年時の成績をコントロールしないモデル1からは，高校の偏差値に対する世帯収入の総効果は時点間で変化していない．したがって，学力を媒介とした間接効果の比重が高くなっている可能性がある．ただし，モデル2における世帯収入の効果に時点間で統計的に有意な差はみられないので，ここでは可能性を指摘するだけにとどめたい．他の変数の効果についても，2002年と2012年の間に統計的に有意な差はみられなかった．

以上より，①親学歴，世帯収入，中学時成績は高校偏差値に影響を与えること，②その影響力は2002年と2012年の間に変化していないこと，③社会経済的格差について，第1次効果よりも第2次効果の割合がやや大きいこと，が示された．

5 進路希望に対する家族，成績，学校の影響

次に，高校2年生の進路希望を教育年数に変換し，それを従属変数とした分析から，進路希望に対する学校，成績，そして社会経済的背景の影響を明らかにする．固定効果モデルによる分析結果を表1-3に示した．

モデル1は女性ダミー，親学歴，世帯収入を独立変数としたモデルである．

表1-3　期待教育年数に対する社会経済的背景，学校タイプ，成績の影響

	モデル1		モデル2		間接効果の割合		直接効果の割合	
	2002年	2012年	2002年	2012年	2002年	2012年	2002年	2012年
性別（0＝男性，1＝女性）	−0.135	−0.098	−0.328**	−0.113				
	(0.117)	(0.118)	(0.097)	(0.106)				
親学歴								
（基準：いずれも専門以下）								
いずれかが短大以上	0.786**	0.494**	0.372*	0.174	52.7%	64.8%	47.3%	35.2%
	(0.188)	(0.130)	(0.160)	(0.114)				
両親とも短大以上	1.042**	1.041**	0.411†	0.500**	60.6%	52.0%	39.4%	48.0%
	(0.218)	(0.121)	(0.221)	(0.104)				
世帯収入（対数変換）	0.588**	0.625**	0.382**	0.290**	35.0%	53.6%	65.0%	46.4%
	(0.158)	(0.110)	(0.159)	(0.093)				
学校タイプ								
（基準：普通科C）								
専門学科			−1.155**	−1.034**				
			(0.207)	(0.143)				
普通科B			0.466*	0.639**				
			(0.203)	(0.150)				
普通科A			0.787**	0.928**				
			(0.239)	(0.142)				
中学3年時成績			0.205*	0.230**				
			(0.091)	(0.051)				
高校2年時成績			0.161**	0.048				
			(0.053)	(0.040)				
切片	10.730**	10.780**	11.530**	12.370**				
	(0.980)	(0.727)	(0.954)	(0.613)				
N	501	895	501	895				
R^2	0.143	0.142	0.368	0.420				
AIC	1750.0	3185.9	1607.3	2844.4				

注1：値は非標準化偏回帰係数．括弧内の値は都道府県をクラスタとした標準誤差．
　2：† $p < 0.10$, * $p < 0.05$, ** $p < 0.01$.

2002年についても2012年についても，高校生の期待教育年数に対する親学歴と世帯収入の効果は統計的に有意であり，親の学歴が高いほうが，また世帯収入が多いほうが，期待教育年数は長くなる．親の学歴がいずれも専門以下に比べて，親のいずれかが短大以上や両親とも短大以上だと期待教育年数は長くなる．また女性ダミーの効果は2002年でも2012年でも有意ではない．R^2 をみると，モデル1の説明力は，2002年では14.3%，2012年では14.2%である．モデル1の結果から，2002年と2012年の間で高校生の進路希望に対する社会経済的背景がほとんど変化していないことがわかる．

　モデル2は，モデル1に高校生の通う学校のタイプ，中学時成績，高校時成績を独立変数として加えたものである．R^2 より，2002年では36.8%，2012年

では 42.0% ほど期待教育年数のばらつきがモデル 2 によって説明されている．どちらの年代でも学校タイプの影響は有意であり，選抜性の低い普通科 C と比較して，専門学科だと期待教育年数は短くなり，また普通科 B や普通科 A だと期待教育年数は長くなる．また，普通科 B よりも普通科 A のほうがより高い教育期待を抱く傾向がある（統計的に有意な差）．

また中学時の成績が高いと期待教育年数がより高くなる傾向があるが，その影響は 2002 年と 2012 年で変化していない．一方，高校 2 年時の成績については，2002 年に有意な効果がみられたが 2012 年ではみられなくなった．2002 年と 2012 年のモデルについて，高校 2 年時の成績の係数の差は 10% 水準で統計的に有意であり，この間に高校 2 年時の成績の影響がなくなったといえる．男女別に分析した場合でも，同様の結果が男女ともに確認された（分析結果は省略）．

なおモデル 2 によって，高校生の通う学校のタイプ，中学時成績，高校 2 年時成績を投入することで，モデル 1 と比べて親の学歴と世帯収入の効果は大きく減少した．学校差と学力差を通じた間接効果を求めると，親のいずれかが短大以上の間接効果の割合は 2002 年では 52.7%，2012 年では 64.8% である．2012 年については，いずれも専門以下との差は統計的に有意ではなくなっている．両親とも短大以上の間接効果の割合は，2002 年では 60.6%，2012 年では 52.0% である．また，世帯収入の間接効果の割合は，2002 年では 35.0%，2012 年では 53.6% となり，増加傾向がみられる．つまり，世帯収入が進路希望に与える影響にかんして，総効果はほぼ一定でありながら，学力や学校を媒介とした間接効果の比重が高まってきた可能性がある．

高校生の通う学校のタイプは，そもそも中学の段階でどの程度まで教育を受けたいのかということの影響を受けたり，学力の高さだけではなく友人や進路指導の影響などさまざまな要因が含まれるが，これと成績を合わせて学力差と解釈するならば，進路希望の社会経済的格差の約半分（ただし 35%～65% とひろがりがある）が第 1 次効果によるものと考えることができる．

しかし，このように高校生の通う学校のタイプ，中学時成績，高校時成績の影響をコントロールしても，親の学歴と世帯収入の直接効果は有意に残り続けている．つまり，同じタイプの高校であっても，また同じくらいの成績であっ

ても，親の学歴や世帯収入が異なれば，進路希望が異なってくるというわけである．期待教育年数の社会経済的格差の残りの約半分（35%〜65%）が，このような学校差を含めた学力差とは独立した第2次効果によるものと考えることができる．

以上より，高校卒業後の進路希望に対して，①親学歴，世帯収入，中学3年時成績，学校タイプは影響を与えること，②その影響力は2002年と2012年の間でほとんど変化していないこと，③一方で2002年にはみられた高校2年時の成績の影響は2012年にみられなくなったこと，④社会経済的背景の影響に関する第1次効果と第2次効果の割合は，総合的にみればほぼ同程度であることが明らかになった．

6 なくならない進路希望の格差

本章は，2002年と2012年の間に生じた進学率の上昇が，高校の選抜性や高校生の進路希望にみられる社会経済的格差を縮小させたのかどうかを検討した．

分析の結果，①進学した高校の選抜性に対しても，高校卒業後の進路希望に対しても，親学歴，世帯収入，中学3年時成績は影響を与えること，また②高校卒業後の進路希望に対して学校タイプは影響を与えること，そして③以上の影響力は2002年と2012年の間にほとんど変化していないこと，が明らかになった．しかし，④2002年にはみられた高校卒業後の進路希望に対する高校2年時の成績の影響は，2012年にみられなくなるという変化も生じていた．また社会経済的背景の影響について，学力を媒介とした第1次効果と第2次効果にわけてその重要度を分析したところ，⑤高校の選抜性については，第2次効果のほうが第1次効果よりもやや大きいこと，⑥高校卒業後の進路希望については，総合的にみれば第1次効果と第2次効果の重要性はほぼ同程度であることが明らかになった．

より選抜性の高い高校への進学をめぐって繰り広げられる競争は，単に学力や成績を基準としたものではなく，その背後には常に社会経済的背景（家族）の影響があり，それは進学率が上昇する中でも変化してこなかったといえる．同様に，高校在学中に高い学歴を希望するかどうかについても，通っている学

校のタイプや自身の成績だけではなく，常に社会経済的背景の影響が存在する．唯一変化がみられたのは，2002 年では存在していた高校時の成績の効果が，2012 年ではなくなったことである．進学率が上昇する中で，高校内での成績の位置づけは，高校生の進学意欲をかきたてること（加熱）もそぐこと（冷却）もなくなってしまった．

　2002 年から 2012 年の間で進学率が上昇したが，それは進路希望の社会経済的格差の拡大や縮小を導くことはなく，格差の構造は維持されているといえる．そして，進路希望と教育達成が強く関連することを考えれば，教育達成の社会経済的格差についてもこの 10 年の間ほとんど変化してこなかったと推測することができる．これは，教育の拡大は，これまでは進学してこなかった社会経済的に不利な層の生徒が新たに進学することを可能としているが，それだけではなく，社会経済的に有利な層の進学もさらに後押ししているためだろう．格差が縮小するとすればそれは社会経済的に有利な層の進学率が飽和段階に達した後なのである（Raftery and Hout 1993）．

　また分析結果からは，進学した高校の選抜性に対しても，高校卒業後の進路希望に対しても，社会経済的背景は学力を媒介として，影響を与えていることが明らかになった．したがって，教育達成の社会経済的格差をなくすための政策的インプリケーションとしては，学力の社会経済的格差をなくすことが重要であるということができる[6]．しかし，全ての社会経済的格差が学力差を通じた間接的な影響（第 1 次効果）によるものではなく，直接的な影響（第 2 次効果）も残り続けている．それゆえ，学力の社会経済的格差の解消と同様に，経済的な資源の差，親の地位によって異なる子どものライフコース展望の偏りや教育への価値の偏りを考慮した取り組みが必要となるだろう．そのためには，第 2 次効果としてくくられている親の学歴や世帯収入の直接的な効果が，実際にどのようなメカニズムによって生じているのかを検討する必要がある．それが資源の多寡なのか，価値観の違いなのか，それとも地位維持のための防衛的支出（Breen and Goldthorpe 1997; Thurow 1975）の現れなのか．そうしたさまざまなメカニズムの検証も視野に入れ，「高校生と母親調査，2012」の設計が行われていることを強調しておきたい．

付記

2002年に行われた,「高校生とその母親の教育意識に関する全国調査」データの使用にあたっては大阪大学大学院人間科学研究科経験社会学研究室内SRDQ事務局の許可を得た. 本研究はJSPS科研費24730417の助成を受けた.

注

1) ただし,初期の進路希望(選択)がその後の学力・成績に与える影響も考えなければ,第1次効果が過大推定される可能性があり,その正確な検証のためには同一個人を追跡したデータ(パネルデータ)を得る必要がある.(Erikson et al. 2005).
2) それぞれの年度で偏差値を標準化(あるいは平均50,標準偏差10への偏差値化)して分析を行っても,同様の結果が得られる.
3) なお,ロジットモデルの場合,通常の重回帰分析のように入れ子のモデル(一方のモデルがもう一方のモデルに変数を追加した関係)の係数を直接比較することはできない. もっともKHB法(Karlson et al. 2012)などを使えば容易に係数の比較は可能であり,ここで教育年数を用いたのはあくまで結果の解釈を容易にするためである.
4) 調査票で用いた選択肢が異なるため厳密な比較はできない. 共通したカテゴリである500万円以下,700万円位,900万円以上の3カテゴリを用いて分析を行ったが,同様の結論が導かれる.
5) 藤原翔(2012)は,2002年の高校生と母親調査データを用いて,高校の選抜性に対する親職業の影響も含めた社会経済的背景の影響についての分析を行っている.
6) もちろん第1次効果が弱まった時,その分第2次効果が強まり,内部メカニズムが変化しても全体としての社会経済的背景の影響は不変である可能性がある. 本章でも総効果は不変であるが直接効果と間接効果の割合は若干変化しているという結果がみられている.

文献

Allison, Paul D., 2009, *Fixed Effects Regression Models*, Thousand Oaks: Sage.
荒牧草平, 2000,「教育機会の格差は縮小したか——教育環境の変化と出身階層間格差」近藤博之編『日本の階層システム3 戦後日本の教育社会』東京大学出版会, 15-35.
Boudon, Raymond, 1974, *Education, Opportunity, and Social Inequality*, New York, John Wiley & Sons.
Breen, Richard and John H. Goldthorpe, 1997, "Explaining Educational Differentials: Towards a Formal Rational Action Theory," *Rationality and Society*, 9: 275-305.

Breen, Richard, Ruud Luijkx, Walter Müller, and Reinhard Pollak, 2009, "Non-persistent Inequality in Educational Attainment: Evidence from Eight European Countries," *American Journal of Sociology*, 114(5): 1475-521.

Erikson, Robert, John H. Goldthorpe, Michelle Jackson, Meir Yaish, and D. R. Cox, 2005, "On Class Differentials in Educational Attainment." *Proceedings of the National Academy of Sciences of the United States of America*, 102(27): 9730-33.

藤原翔, 2012,「高校選択における相対的リスク回避仮説と学歴下降回避仮説の検証」『教育社会学研究』91: 29-49.

藤田英典, 1980,「進路選択のメカニズム」山村健・天野郁夫編『青年期の進路選択――高学歴時代の自立の条件』有斐閣, 105-129.

原純輔・盛山和夫, 1999,『社会階層――豊かさの中の不平等』東京大学出版会.

Jackson, Michelle, ed., 2013, *Determined to Succeed? Performance versus Choice in Educational Attainment*, Stanford, Stanford University Press.

Karlson, Kristian Bernt, Anders Holm, and Richard Breen, 2012, "Comparing Regression Coefficients between Same-sample Nested Models using Logit and Probit: A New Method," *Sociological Methodology*, 42(1): 286-313.

片瀬一男, 2005,『夢の行方――高校生の教育・職業アスピレーションの変容』東北大学出版会.

近藤博之・古田和久, 2009,「教育達成の社会経済的格差――趨勢とメカニズムの分析」『社会学評論』59(4): 682-98.

耳塚寛明, 2000,「進路選択の構造と変容」樋田大二郎・耳塚寛明・岩木秀夫・苅谷剛彦編『高校生文化と進路形成の変容』学事出版, 65-82.

中西啓喜, 2014,「高校生の希望進路の変容」樋田大二郎・苅谷剛彦・堀健志・大多和直樹編『現代高校生の学習と進路――高校の「常識」はどう変わってきたか？』学事出版, 22-34.

尾嶋史章, 2002,「社会階層と進路形成の変容―― 90年代の変化を考える」『教育社会学研究』70: 125-42.

Raftery, Adrian E. and Michael Hout, 1993, "Maximally Maintained Inequality: Expansion, Reform, and Opportunity in Irish Education, 1921-75," *Sociology of Education*, 66(1): 41-62.

Shavit, Yossi and Hans-Peter Blossfeld, eds., 1993, *Persistent Inequality: Changing Educational Attainment in Thirteen Countries*, Boulder, Westview Press.

Thurow, Lester C., 1975, *Generating Inequality: Mechanisms of Distribution in the U.S. Economy*, New York, Basic Books.

第 2 章

「学校不適応」層の大学進学
出身階層，学校生活と進路希望の形成

古田和久

1 教育達成の階層間格差のメカニズム

　本章は高校生と母親の進路に関する意識から，多様な大学進学層の存在に焦点をあてることで，高校生の進路選択メカニズムについて考察を加える．具体的には，学校適応的な高校生ほど大学進学を希望するという一次元的なパターンを見直し，「学校不適応」な大学進学層の存在を確認したうえで，高校生と母親の主観的・客観的側面から，近年の進学動向の特徴を考える．

　高校生を対象とした調査では，出身階層による教育達成の格差は進路選択の違いとして現れる．近年，階層間格差が拡大したか否かについて一致した結論が得られているわけではないが（片瀬 2005; 尾嶋編 2001），第 1 章の分析では，学校タイプや学業成績を統制しても，親の学歴や世帯収入が進路希望に影響していること，その効果は 10 年間であまり変化していないことが明らかになった．

　こうした階層間格差の説明要因を時間軸に沿って整理すれば，過去から現在までの学校経験が進学希望に影響する側面が考えられる．すなわち学校適応による説明であり，この系統の説明は，家庭での長期の社会化によって伝達される文化資本が生徒の学校適応に影響すると想定する．具体的には，家庭と学校との間で文化的環境や価値観が類似していれば子どもは学校に適応しやすく，反対に両者の齟齬が大きければ適応するのが困難になると考える（Willis

1977=1996; Bourdieu et Passeron 1970=1991)．ここから，学校適応的な生徒ほど進学を希望する傾向が強いと予想される．

他方，将来の側から選択を促す側面もある．出身階層からの下降移動を回避したいとの心理をもとに，教育選択をモデル化した「相対的リスク回避（Relative Risk Aversion: RRA）」（Breen and Goldthorpe 1997）が階層研究において注目されている．この議論では，進学した場合のコストと成功見込みが説明要因に加えられるが，経済学的説明を含め，合理的選択による説明は学歴取得後の所得や社会的地位の獲得見通しを核として，より単純なモデル化を追求している．

これらの説明は，教育拡大をどう捉えるかについても意見が分かれる．合理的選択の側からゴールドソープ（Goldthorpe, J. H.）は，文化資本による説明では教育拡大により，労働者階級の子どもの進学率も上昇したことを説明できないとする（Goldthorpe 2007）．一方 RRA 仮説に好意的な論者でも，教育拡大によって学校文化が以前ほど排他的ではなくなり，労働者階級の志向性を包摂するようになった可能性を指摘するものがある（Van de Werfhorst 2010）．さらに，ファーロング（Furlong, A.）とカートメル（Cartmel, F.）は労働市場における学歴の重要性が増すなかで，進学に関する判断の文化的側面が複雑化し，学校文化を拒否するか受容するかといった単純なものではなくなったと論じている（Furlong and Cartmel 2007=2009）．

このように複数の立場があるなかで，日本の現状に即してメカニズムの理解を深めなければならないが，近年の動向として次の 2 点が注目される．第 1 に，高校生と教師および両者の関係が変化した可能性である．事実，30 年にわたる調査結果は，「学校が楽しく不満がない」高校生が増加したこと（大多和 2014），教師の指導観においても，生徒との対立を前提とした指導から生徒の順応性を重視した親身な指導へと変化したこと（金子 2014）を示している．第 2 にそうした学校の変化との関係は明らかではないが，大学進学率の上昇がある．とりわけ進路多様校からの大学進学が注目を集めているように，学力や意欲が必ずしも高くない高校生も進学する傾向が強くなったと同時に，学校でも進学を促す進路指導が行われている可能性がある（中村編 2010; 酒井編 2007 など）．

上記の変化は，家庭と学校文化との対立を顕在化させない方向性にあると考えられるが，もしそうだとすれば学校適応的でない高校生も大学進学に取り込まれる傾向は強くなると推測される．よって，学校適応的な高校生ほど大学進学を希望するという一次元的なパターンを改めて検証する必要がある．加えて，大学進学率の上昇により大卒学歴の価値が低下してくれば，進学に何らかの便益を感じていなくとも大学を目指す者が増えるかもしれない．

　このように高学歴化社会では，多様なタイプの進学行動があると推察されるが，現在までの学校経験と将来の志向性を重視した説明は排他的ではなく，統合的に考えることもできる（Gambetta 1987）[1]．たとえば，学校適応的でない高校生が大学進学を希望するためには，将来からの大きな誘因が必要となるかもしれない．対照的に大学進学の裾野が広がるなかで，学校適応的でも将来志向的でもない大学進学者が一定の割合を占めていることも十分に考えられる．

　本章はこうした多様な大学進学者が存在することを念頭において，現在までに形成された学校生活感と将来の見通しが，母親と高校生の進路希望にどのようにつながっているのかを探っていく．ここで母親の意識も同時に分析するのは，大学への志願過程は家族の関心事であり，親の持つ認識や実際に果たす役割に階層差が存在するとの議論（Lareau and Weininger 2008）もあるからである．したがって，たんに学歴や所得といった出身家庭の背景要因としてだけではなく，母親の進路希望や大学進学に関する意識も扱うことで，親の認識が子どもの進路選択にどのように位置づくかを分析する．

2　データと変数

　本章の中心となる変数は，進路希望と学校経験である．前者は高校生本人と母親が子どもに対して持つ進路希望であり，これらを大学，短大・専門，就職の3つに区分した．後者の学校経験は学校生活や学習面に関する高校生の意識である．学校生活については，「全体的に見て，学校生活は楽しい」「学校にいるときよりも，学校の外での生活の方が楽しい」の2つ，授業や学習面は「授業に充実感がある」「学校で何か新しいことを学べたとき，うれしさを感じる」の2つの，計4つの指標によって捉えた．

一方，進路選択の特徴を描くために，以下の主観的・客観的変数を用いる．主観的側面は大学進学に対する高校生と母親の便益認知であり，それぞれ3項目からなる．大学に進学すれば，「親と同程度かそれ以上の地位の職業につける（自分や配偶者と同程度かそれ以上の地位の職業につける）」「つきたい職業につける（あなたがついてほしいと考える職業に子どもがつける）」「あなた自身が満足できる」の3つに対する賛否である（カッコ内は母親に対する質問）．これらにより学歴の価値を投資的側面だけでなく，象徴的側面からも検討する．客観的特徴は出身階層と学力水準である．出身階層は母親の学歴（大学，短大・専門，高校以下の3分類）と世帯収入（0～450万円，450～600万円，600～850万円，850万円以上の4分類）である．学力水準は学校タイプと高校での学内成績によって捉える．学校タイプは普通科については偏差値によって対象者を2等分したものに専門学科を加え，普通科Ⅰ，普通科Ⅱ，専門学科の3分類とした．学業成績は現在の教科全体の成績を5段階で自己評価したものを用いた．なおサンプルを確保するために，世帯収入と学校タイプについては欠損値を1つのカテゴリとして設定し分析に含めた．最終的に916組の親子ペアのデータとなった．

3 進路希望構造の分析

(1) 高校生の学校適応と親子の進路希望

まず，普段の意識から高校生の学校生活を調べる（回答分布については表2-2の全体欄に表示）．全体では学校を肯定的に感じている生徒のほうが多い．実際，「学校生活は楽しい」と感じている生徒は「そう思う」と「ややそう思う」を合わせて83.2%であり，「授業に充実感がある」と「学校で何か新しいことを学べたとき，うれしさを感じる」についても半数強（それぞれ53.4%，58.8%）が肯定的意見を表明している．これに対し，「学校の外での生活の方が楽しい」は中間的回答も多いが（43.4%），学校内よりも学校外に楽しみをみつける生徒は36.4%であった．このように学校生活や授業，学ぶことに対して明確に否定的感情を持っている生徒は多くない．

一方，高校生と母親の進路希望をみると，両者の分布はかなり似通っている

第2章 「学校不適応」層の大学進学

表2-1 母親と高校生の進路希望のクロス表

母親		高校生			計
		大学	短大・専門	就職	
母親	大学	67.5	1.9	1.7	71.1
	短大・専門	2.0	12.7	1.5	16.2
	就職	0.8	1.7	10.3	12.8
	計	70.2	16.3	13.5	100.0

注1：χ^2 = 1069.163, d.f. = 4, p < 0.001, Cramer's V = 0.764.
　2：N = 916, 数値は全体 %.

（表 2-1）．大学進学希望が圧倒的に多く（約 70%），短大・専門と就職は親子それぞれ 15% 程度が希望している．加えて親子の一致度もかなり高い．事実，全体の 90% の親子で進路希望が一致しており，そのなかでも両者が大学進学希望のケースがきわめて大きい．母親と高校生の間で齟齬が生じるケースはわずかであり，調査対象の親子の大半は高校卒業後の進路希望を共有している．

こうした高校生と母親の意識からは，学校生活には比較的満足し，親子ともに大学進学を目指すといった全体像を描くことができる．しかし，圧倒的多数の親子が大学進学を希望する現状では，多様な層が存在するはずである．また，高卒就職が厳しさを増す一方，推薦入試などの多様な入試制度が学生を受け入れるなかで，学業や意識面で大学進学の準備が十分でない高校生が増えていることも考えられる．学校経験と親子の進路希望との多様なパターンを探索することによって，こうした近年の進学希望者の特徴を検討しよう．

(2) 学校適応 - 進路希望タイプの抽出

この課題に取り組むために，高校生の学校経験と親子の進路希望を潜在クラス分析によって検討する（分析手法に関しては第 5 章・第 6 章も参照）[2]．潜在クラス分析はカテゴリカルデータの分析手法の1つであり，観察された複数の変数間の関連が，その背後にあるカテゴリカルな潜在変数によって説明されると仮定する．本章の分析でいえば，学校経験に関する変数群と親子の進路希望との関連性は，異なった教育選好を持ついくつかの親子タイプから構成されていると考え，それがいくつのタイプに分かれるか，各タイプがどのような特徴を持つかを探っていくのである．さらに次項以降で示すように，複数の潜在クラ

スを仮定しその潜在クラス間の相互関係を検討したり (Hagenaars 1993), 抽出された各タイプへの所属にどのような要因が影響しているかを分析することもできる (Yamaguchi 2000).

はじめに, いくつの類型を設定すれば, 全体を無理なく要約できるかを吟味しなければならない. このため潜在クラスの数を1から順に増やしていき, 各モデルのあてはまりと解釈の可能性を比較検討することになるが, 4つのクラスを設定すれば全体が要約できることが確認された[3] (表は省略).

次に, 抽出された各潜在クラスの特徴をみよう (表2-2).「潜在クラスの割合」には全体の構成比が示されている. クラス1から順に56.9%, 17.1%, 12.3%, 13.7%であり, クラス1が過半数を占め, その他は10〜20%弱であることが分かる. また「各応答変数の条件付き確率」は, 各潜在クラスに分類された対象者が使用された質問にどう回答しているかを示している. たとえば, クラス1の母親の進路希望は大学から順に96.1%, 2.8%, 1.1%となっているが, これはクラス1の母親はほぼ全員が子どもに大学進学を希望していることを意味する.

この「条件付き確率」から各クラスの特徴を探ると, クラス1は親子とも95%以上が大学進学を希望し, かつほとんどの生徒が「学校生活は楽しい」

表2-2 学校適応‐進路希望類型 (数値はN以外すべて%)

		潜在クラス				全体 (N)
		クラス1	クラス2	クラス3	クラス4	
潜在クラスの割合		56.9	17.1	12.3	13.7	
各応答変数の条件付き確率 (学校経験項目は賛成率)						
母親	大学	96.1	96.0	.0	.0	71.1 (651)
	短大・専門	2.8	3.1	100.0	12.4	16.2 (148)
	就職	1.1	0.9	.0	87.6	12.8 (117)
高校生	大学	96.3	90.0	.0	0.2	70.2 (643)
	短大・専門	1.7	5.9	100.0	14.4	16.3 (149)
	就職	2.0	4.1	.0	85.4	13.5 (124)
学校生活は楽しい		97.3	47.4	77.0	74.9	83.2 (762)
学校外生活の方が楽しい		25.6	58.9	42.1	47.6	36.4 (333)
授業に充実感がある		74.8	7.2	41.6	33.0	53.4 (489)
学ぶうれしさを感じる		70.1	28.6	59.8	48.4	58.8 (538)

注1:学校経験項目は「そう思う」「ややそう思う」を「賛成」に,「どちらともいえない」「あまりそう思わない」「そう思わない」を「それ以外」に変換した.
 2:N = 916.

「授業に充実感がある」に賛成している（学校経験項目は「賛成」「それ以外」の2値なので賛成率を表示[4]）．したがって，このクラスは学校適応的で大学進学を志望する典型的な大学進学タイプだといえる．これに対し，クラス2も親子とも90%以上が大学希望なのだが，学校経験がクラス1とは対照的である．「授業に充実感がある」を肯定した生徒が1割未満であるように，クラス2の生徒の学校生活は，クラス1と比較して明らかに否定的である．他方，クラス3は短大・専門に親子の進路希望が集中するという特徴を持つ．最後のクラス4は就職希望者中心の類型である．また，親子間の進路希望の一致度がかなり高かったことを反映して，どの類型においても母親と本人の進路希望の分布傾向が一致している．

　クラス1とクラス3やクラス4との学校経験を比較すれば，確かに大学希望のクラス1においてより肯定的なので，学校適応的な生徒ほど大学進学を志望している．しかし，クラス2は親子とも大学志望でありながら，大学進学以外の類型よりも学校経験を否定的に捉えていることが明らかである．こうした「学校不適応」な大学進学層が全体の20%弱観察されるのである．母親からは子どもの日常的な学校生活がみえにくいということかもしれないが，母親もほとんどが子どもの大学進学を希望していることから，学校に対する否定的感情は親子間の進路希望のズレを背景とするものではないことを示している．

　それでは「学校不適応」な大学進学層はどのような特徴を持つのか．その進学メカニズムに迫るために，次の2つの観点から各類型を特徴づける．1つは，高校生と母親の主観的側面から，大学進学にどのような誘因があるかを探る．つまり，過去の学校経験が否定的なものであったとしても，大学進学の便益が，将来の側から親子の進学希望を引き出す要因となっている可能性がある．もう1つは，出身階層や学力水準といった客観的特徴との関連である．第1章でも出身階層による進路選択傾向の違いが示されたが，学校適応による大学進学者内部での分化と出身階層との関係が分かれば，格差メカニズムの理解に有益な示唆を与えるだろう．また，大学進学者の裾野の拡大により，多様な学力の高校生が進学することは確かだが，どのような学力の生徒が「学校不適応」な大学進学者になりやすいかも調べる．

(3)「学校不適応」な大学進学層の主観的特徴

各タイプの主観的特徴から進路選択のメカニズムを検討するため,母親と高校生が大学進学による便益をどのように評価しているかについて,両者の意識に潜在クラス分析をあてはめた[5].先の分析と同様に,モデルの適合度と解釈の可能性を検討した結果,4クラスのモデルを採用した[6].これら4クラスのうち,2つ(クラス1と2)は親子の認識が一致する類型,他の2つ(クラス3と4)は両者にズレのある類型である.各タイプの特徴を「条件付き確率」から具体的にみていこう(表2-3のA欄).

表2-3 便益認知類型と学校適応-進路希望類型(数値はN以外すべて%)

A. 大学進学の便益認知類型		潜在クラス				全体 (N)
		クラス1	クラス2	クラス3	クラス4	
潜在クラスの割合		19.4	25.1	37.9	17.6	
各応答変数の条件付き確率(賛成率)						
母親	自分・配偶者と同等の職業	79.5	10.8	20.2	80.4	39.9 (366)
	ついてほしい職業	76.5	4.4	17.1	61.2	33.2 (304)
	満足できる	71.6	24.9	30.9	69.6	44.1 (404)
高校生	親と同等以上の職業	72.1	10.7	44.9	23.3	37.8 (346)
	つきたい職業	100.0	2.0	80.7	21.9	54.4 (498)
	満足できる	100.0	25.4	77.8	54.3	64.9 (594)
B. 学校適応-進路希望との関連						
		クラス1	クラス2	クラス3	クラス4	計 (N)
学校適応-進路希望類型	適応・大学	29.6	7.3	48.8	14.4	100.0 (488)
	不適応・大学	9.1	38.7	35.0	17.2	100.0 (189)
	短大・専門	10.3	44.1	30.2	15.4	100.0 (113)
	就職	9.0	63.6	9.9	17.5	100.0 (125)
	計	20.2	26.0	38.3	15.5	100.0 (915)

注1:潜在クラスの抽出では各項目について,「そう思う」「ややそう思う」を「賛成」に「どちらともいえない」「あまりそう思わない」「そう思わない」を「それ以外」に変換した.
 2:N = 916.

まずクラス1は,親子が大学進学の便益を肯定するタイプである(全体の19.4%).この類型では7割以上の親子が,大学に進学すれば希望する職業や,親と同等以上の地位の職業につくことができると考えている.進学によって満足感を得られる者も多いので,親子の認識において大卒学歴の手段的価値と象徴的価値の分離は生じていないといえる.これと対照的なのが全体の25.1%を占めるクラス2である.各項目の賛成率はどのタイプよりも明らかに低く,親

子ども大学進学による職業上の見返りは少なく，満足感も弱いと認識している．

以上２つの類型は母親と子どもの意見の分布が一致するのに対し，残りの２つは親子間の認識が異なるタイプである．クラス３の高校生は各項目の賛成率が相対的に高く，大学進学の利益を認めているのに対し，母親はこれに否定的である（全体の37.9%）．そして最後のクラス４の場合，母親は大学進学の便益を感じているが，高校生本人の便益認識は低調であり，職業達成などで大学進学を有効な手段だとはあまり考えていない（全体の17.6%）．このように，親子で認識のズレのあるタイプが全体の半数強みられるのは，進路希望ほど親子の一致度が高くないためである．表面にある進路希望からさらに深く，その動機まで掘り下げれば親子で必ずしも一致しているわけではないのである．

進路選択のメカニズムから注目すべきは，こうした便益認識が前節の学校適応－進路希望類型とどのように関係しているかである．かりに大卒学歴の将来的利益が「学校不適応」層の大学進学の誘因となっているなら，クラス１や３が多いと予想され，本人よりも母親による進学圧力が強いとすれば，クラス４が優勢となると予想される．こうした関連性を確かめるべく，これまでのモデルを拡張し，学校適応－進路希望類型と便益認知類型の２つの潜在クラスを持つモデルを想定し，各潜在クラスと２つの潜在クラス間の関連の有無を同時に推定した（Hagenaars 1993）．両潜在クラスが独立だと仮定した場合よりも，両者に関連を認めたモデルで適合度が改善された（$\varDelta G^2 = 2213.966 - 2082.862 = 131.104$, df = 9, $p < 0.001$, BICは順に-60209.643と-60279.368）．このことは，親子の進路希望の背後には大学進学の便益に対する判断があることを示唆している．

表2-3のＢ欄は，潜在クラス同士の関連をクロス表に要約したものである[7]．学校適応的な大学進学層では親子とも進学の便益を認知しているタイプ（クラス１）と，高校生のみが便益を認知しているタイプ（クラス３）が多い．大学進学の判断が将来の見通しにもとづくことが窺えるが，親子両者が便益を認知するタイプが際立って多いことは，親の認識も重要であることを示している．また，短大・専門や就職類型では便益を認めないタイプ（クラス２）が多い．厳密な因果関係は区別できないが，親子ともに大学進学を目指す（目指さない）ことと進学に便益を感じている（感じていない）ことは表裏一体の関係だとい

える.

　これに対し,「学校不適応」層では親子とも便益を認めないタイプ（クラス2）の割合が顕著に高く，この層の便益認知は大学進学を希望しない短大・専門タイプにかなり類似している．つまり，親子とも大学志望であるにもかかわらず，その便益を感じていない．「学校不適応」層においては，現在までの学校経験が大学進学に押し出す側面もなければ，将来の利益に引きつけられる側面もないのである．さらに親のみが便益を感じているタイプ（クラス4）も多くないので，親が将来を見据えて，子どもに大学進学を促しているともいえない．

　このように，「学校不適応」な大学進学層の意識構造をみれば，学歴取得によって利益を得ようとする意味での将来志向的な意識は，親子とも明確でない．こうした進学意識のあいまいさは，他の指標でも整合的な傾向が観察された[8].では彼・彼女らの進路選択の構造はどのようになっているのか．最後に出身階層や学力水準といった客観的側面との関連から考えることにしよう．

(4)「学校不適応」な大学進学層の客観的特徴

　大学進学層の内部分化が出身階層に沿って生じており，学校適応面での不利な状況を挽回するために家庭の資源が必要だとすれば，「学校不適応」な大学進学層の出身階層は高いはずである．また学力水準が高いほど，「学校不適応」な大学進学タイプとなる傾向があるなら，勉強や受験プレッシャーによって，学校生活に疎外感を感じている可能性がある．反対に,「学校不適応」層の学力水準が低ければ，進学動機だけでなく学力面でも進学を促進する力は弱いことになる．最後に,「学校不適応」な大学進学層の特徴を明らかにするために，多項ロジット潜在クラス回帰モデル（Yamaguchi 2000）を推定した．表2-4では「学校不適応」な大学進学層を基準カテゴリとしたため，他のタイプとの対比で，この層の客観的特徴をみることができる．

　まず出身階層に関して，学校適応度の異なる2つの大学進学タイプを比べると，その違いは明確ではない．確かに母親が高卒以下に比べて，短大・専門の者が学校適応的な層になりやすいようだが，世帯収入との関係はなく，出身階層が高いほど，学校適応度の高い（低い）タイプになりやすいという明確な証拠を見出すことはできない[9]．一方，学力水準を統制しても,「学校不適応」

第 2 章　「学校不適応」層の大学進学

表 2-4　多項ロジット潜在クラス回帰モデル

	適応・大学 vs. 不適応・大学		短大・専門 vs. 不適応・大学		就職 vs. 不適応・大学	
	係数	標準誤差	係数	標準誤差	係数	標準誤差
性別（0=女子，1=男子）	−0.462 +	0.247	−1.633 **	0.316	−0.137	0.304
母学歴（基準：高校以下）	---	---	---	---	---	---
短大・専門	0.606 *	0.275	0.010	0.306	−0.630 *	0.321
大学	0.329	0.350	−2.868 **	1.096	−2.130 **	0.729
世帯収入（基準：−450万円）	---	---	---	---	---	---
450-600万円	−0.180	0.460	−0.593	0.469	−0.814 +	0.467
600-850万円	0.061	0.430	−0.618	0.445	−0.953 *	0.442
850万円−	−0.205	0.430	−1.062 *	0.479	−1.773 **	0.503
欠損	−0.930	0.627	−0.757	0.712	−1.738 +	0.919
学校タイプ（基準：普通科Ⅰ）	---	---	---	---	---	---
普通科Ⅱ	−0.881 **	0.283	2.624 **	0.655	2.573 **	0.770
専門学科	−0.443	0.476	4.134 **	0.733	5.129 **	0.818
欠損	−0.779 +	0.471	2.821 **	0.777	2.729 **	0.895
高校学業成績	0.379 **	0.105	0.136	0.130	0.001	0.136
切片	0.237	0.578	−2.048 *	0.801	−1.949 *	0.882

注 1：+ $p < 0.1$，* $p < 0.05$，** $p < 0.01$．
　 2：N = 916．

な大学進学層の出身階層は，短大・専門や就職タイプよりも明らかに高い．この比較は短大・専門か大学か，あるいは就職か大学かの選択と重なるが，短大・専門や就職タイプのほうが学校適応的であったので，学校適応の度合いが大学進学を促進しているとは考えられない．短大・専門との対比において母学歴の違いが，就職との対比において母学歴と所得水準の違いが明確であるが，家庭における資源の多寡が進路選択に大きく影響しているといえるだろう．

　次に，各進路タイプによる学力水準の違いは明確である．普通科のなかでも，偏差値の高い普通科Ⅰに比べ，普通科Ⅱのほうが「学校不適応」タイプになりやすい．学校タイプの違いは短大・専門および就職との対比においてより明確であるが，これは高校のトラッキング構造を前提とすれば，これまでの研究と整合的な結果である．さらに学内成績の効果も注目される．学内成績は大学進学タイプの内部で顕著な差異が認められ，学業成績の高い生徒のほうが学校適応的である．対照的に，「学校不適応」な大学進学と短大・専門，就職との間に統計的に有意な差がない．すなわち，「学校不適応」な大学進学層は，学業継続を予定しているにもかかわらず，短期高等教育さらには進学予定のない就

職希望者と比べて，学業面で有利な立場にはないのである．

以上のように，学校適応度による大学進学者内の分化には，出身階層の違いは認められなかった．これは母親の進路希望も含めて類型化したことも関係していると考えられる[10]．よって，学校不適応を家庭の資源が補うことによって進学を促進しているとはいえない．また，短大・専門や就職希望の者と，「学校不適応」な大学進学タイプにある出身階層の違いは，学校適応以外の家庭資源によるものだと確認されたことも重要である．他方，大学進学者内の分化に学業面が大きく関与していた．「学校不適応」な大学進学層は偏差値が相対的に高くない普通科高校に多く，また学業成績は短大・専門や就職希望の者と同程度であった．「学校不適応」層の学業面の準備状況は，大学進学以外の者と変わらないということであり，高学歴社会の大学進学者の特徴を端的に表しているとみられる．

4　曖昧な大学進学層の存在

本章は多様な大学進学層の存在に着目し，母親と高校生の主観的・客観的特徴からその実態と進路選択のメカニズムを探ってきた．その結果，学校に否定的感情を持っているにもかかわらず大学進学を希望する親子が，一定の規模で確認された．この「学校不適応」な大学進学層において，職業達成という明確な目的意識は母子ともにみられず，将来の便益に誘導された進学ではなかった．

もちろん大学進学の動機となり得るのは，将来の便益だけではない．竹内洋（2011）は日本の教育システムは学校ランクが細かく序列化されることによって，より高い偏差値ランクを獲得すること自体が競争の報酬になったと指摘している．つまり，大学に進学すること，あるいは高偏差値の学校に入学すること自体が目的化する反面，学歴の投資的価値は背後に退くという見方である．この指摘が「学校不適応」な大学進学層にあてはまるかといえば，そうした証拠を見出すことはできない．なぜなら，彼・彼女らの学力水準は相対的に低く，受験勉強を強く意識していることを示す証拠もなかったからである[11]．これらの特徴を勘案するなら，「学校不適応」な大学進学タイプは，「曖昧な大学進学層」と呼ぶことができる．こうしたタイプが登場する背景には高卒就職が困難

な社会状況,学校での進路指導など,さまざまな面があると考えられるが,彼・彼女らこそが高等教育の拡大を担っているのかもしれない.

もちろん高校2年生時点の希望であるため,未確定な部分も大きい.「学校不適応」な大学進学層が実際に進学したかどうかは不明であり,進学目的も具体的な志望校や学部学科が視野に入ってくれば,明確化することもあるだろう.しかし,成績が大学進学以外の者と変わらなかったので,今後,学業上の問題を抱える可能性もある.アメリカでは,高校の成績にかかわらず大学進学が奨励されるため,高校での学習が疎かになったり,高等教育に進学しても単位が取れず,結局中退するなどの問題点が指摘されている(Rosenbaum 2001).この状況がただちに日本にあてはまるとはいえないが,「学校不適応」な大学進学者がどのような道をたどるのかを慎重に検討していく必要はある.

最後に,「学校適応」的な大学進学層について述べておきたい.このタイプは肯定的な学校経験を持つことに加え,大学卒業による便益が進学の誘因となっていた.学校適応経験と将来的便益の両方を有する者がかなり多くいるということであり,しかも彼・彼女らの出身階層は他と比較して高い傾向にあった.有利な階層の生徒には複数の進学促進要因が矛盾なく存在していることを意味するが,これが階層間格差の背後にあることは間違いないだろう.こうした複合的な格差のメカニズムを考えていくことも今後の課題である.

付記
　本章は古田和久(2014)をベースに新たな分析と議論を追加し,全体を大幅に改稿したものである.

注
1) ガンベッタ(Gambetta, D.)の議論も含め,格差メカニズムについては古田(2011)を参照.
2) 潜在クラス分析の入門的解説として三輪哲(2009)がある.本章の分析には,LEM(Vermunt 1997)とRのpoLCAパッケージ(Linzer and Lewis 2011)を使った.
3) BICは4クラス(−527.047)と5クラス(−529.282)でほとんど変わらない(3クラスは−432.428).5クラスの場合は構成比の小さいクラス4(就職希望者の類型)をさらに分割するため本章の主題に大きく影響しないこと,男女別の分析でも4クラスが採用されることなどを考慮して,4クラスモデルとし

4）「そう思う」「ややそう思う」を「賛成」に，「どちらともいえない」「あまりそう思わない」「そう思わない」を「それ以外」に変換し，分析した．
5）先の学校経験項目と同様に2値変数に変換した．
6）BIC は3クラスが−154.989，4クラスが−182.954，5クラスが−153.296と4クラスで最小となった．結果，解釈も無理なく可能な4クラスモデルを採用した．
7）同時推定を行ったため，周辺分布に示された各クラスの割合はA欄の「潜在クラス割合」とわずかに異なる．ただし潜在クラスの構造自体は変わらないことを確認している．また全体度数が915となっているのは，推定された期待度数を四捨五入したことによる．
8）進学理由として「就職に有利」「高度な学問や知識・資格を身につけたい」「能力や才能を伸ばしたい」を挙げた高校生の割合は，学校適応的な層よりも10〜20ポイント程度低かった．
9）学校タイプと学業成績を除外して推定したモデルでも同じであった．
10）先行研究では，母子の教育期待の相互関連を考慮すれば，出身階層は高校生の教育期待に影響しないとする報告がある（荒牧 2012; 藤原 2009）．
11）学習時間は「学校適応」層より「学校不適応」層のほうが短く，また志望大学の偏差値は両者の間で明確な違いはなかった．

文献

荒牧草平，2012，「高校生の教育期待形成における文化資本と親の教育期待の効果──『文化資本』概念解体の提案」『九州大学大学院教育学研究紀要』14: 97-110.

Bourdieu, Pierre et Jean-Claude Passeron, 1970, *La reproduction: Éléments pour une théorie du systéme d'enseignement*, Paris: Éditions de Minuit.（＝1991, 宮島喬訳『再生産──教育・文化・社会』藤原書店.）

Breen, Richard and John H. Goldthorpe, 1997, "Explaining Educational Differentials: Towards a Formal Rational Action Theory," *Rationality and Society*, 9(3): 275-305.

藤原翔，2009，「現代高校生と母親の教育期待──相互依存モデルを用いた親子同時分析」『理論と方法』24(2): 283-99.

Furlong, Andy and Fred Cartmel, 2007, *Young People and Social Change Second Edition*, Maidenhead, Berkshire: Open University Press.（＝2009, 乾彰夫・西村貴之・平塚眞樹・丸井妙子訳『若者と社会変容──リスク社会を生きる』大月書店.）

古田和久，2011，「教育機会の階層差に関する理論的説明の検討」『大阪大学大学院人間科学研究科紀要』37: 193-213.

古田和久，2014，「高校生の学校適応 - 進路希望類型の分析——学校適応的でない大学進学タイプに着目して」『2013 年度課題公募型二次分析研究会 高校生の進路意識の形成とその母親の教育的態度との関連性 研究成果報告書』東京大学社会科学研究所附属社会調査・データアーカイブ研究センター，1-14．

Gambetta, Diego, 1987, *Were They Pushed or Did They Jump? Individual Decision Mechanisms in Education*, Cambridge: Cambridge University Press.

Goldthorpe, John H., 2007, *On Sociology Second Edition Volume Two: Illustration and Retrospect*, Stanford: Stanford University Press.

Hagenaars, Jacques A., 1993, *Loglinear Models with Latent Variables*, Newbury Park, California: Sage Publications.

金子真理子，2014，「教師生徒関係と『教育』の意味変容——教師の生徒に対するまなざしの変化からみえてくるもの」樋田大二郎・苅谷剛彦・堀健志・大多和直樹編『現代高校生の学習と進路——高校の「常識」はどう変わってきたか？』学事出版，72-85．

片瀬一男，2005，『夢の行方——高校生の教育・職業アスピレーションの変容』東北大学出版会．

Lareau, Annette and Elliot B. Weininger, 2008, "Class and Transition to Adulthood," Annette Lareau and Dalton Conley eds., *Social Class: How Does It Work?*, New York: Russell Sage Foundation, 118-51.

Linzer, Drew A. and Jeffrey B. Lewis, 2011, "poLCA: An R Package for Polytomous Variable Latent Class Analysis," *Journal of Statistical Software*, 42(10): 1-29.

三輪哲，2009，「潜在クラスモデル入門」『理論と方法』24(2): 345-56．

中村高康編，2010，『進路選択の過程と構造——高校入学から卒業までの量的・質的アプローチ』ミネルヴァ書房．

尾嶋史章編，2001，『現代高校生の計量社会学——進路・生活・世代』ミネルヴァ書房．

大多和直樹，2014，「生徒と学校の関係はどう変化したか」樋田大二郎・苅谷剛彦・堀健志・大多和直樹編『現代高校生の学習と進路——高校の「常識」はどう変わってきたか？』学事出版，86-97．

Rosenbaum, James E., 2001, *Beyond College for All: Career Paths for the Forgotten Half*, New York: Russell Sage Foundation.

酒井朗編，2007，『進学支援の教育臨床社会学——商業高校におけるアクションリサーチ』勁草書房．

竹内洋，2011，『学校と社会の現代史』左右社．

Van de Werfhorst, Herman G., 2010, "Cultural Capital: Strength, Weakness, and Two Advancements," *British Journal of Sociology of Education*, 31(2): 157-

69.

Vermunt, Jeroen K., 1997, *LEM: A General Program for the Analysis of Categorical Data*, Department of Methodology and Statistics, Tilburg: Tilburg University.

Willis, Paul. E., 1977, *Learning to Labour: How Working Class Kids Get Working Class Jobs*, Westmead: Saxon House.（=1996，熊沢誠・山田潤訳『ハマータウンの野郎ども』筑摩書房.）

Yamaguchi, Kazuo, 2000, "Multinomial Logit Latent-Class Regression Models: An Analysis of the Predictors of Gender-Role Attitudes among Japanese Women," *American Journal of Sociology*, 105(6): 1702-40.

第 3 章

大学・短大の専門分野はどのように決まるのか
出身階層と高等教育の学科・専攻選択との関係

白川俊之

1 問題の所在

　卒業後の進路をたずねる質問は，高校生を対象とした調査では定番の調査項目である．このため，これまでに数多くの研究が高校生の進路希望と出身階層や学校生活との関係について，データ分析の結果をもとに計量的な実態を報告してきた（尾嶋編 2001; 樋田他編 2000）．そこで明らかにされた学校タイプ（トラック）による進路の水路付けや社会階層ごとの進路希望の差異は，取得学歴を調査した成人のデータで見られる傾向とおおむね整合的であり（荒牧 2000），最終的な教育達成の前段階において，すでに明確な機会の不平等が存在することを示している．

　本章では高校生の進路希望が埋め込まれた機会構造について，これまでとはやや異なる角度から接近してみたい．近年，日本では進学率が再上昇し，大学や短大で専門的な教育を受ける生徒の数はますます増加している．高等教育段階での専門分野（学科・専攻）は，成人の地位達成や余暇活動，ネットワークなどと密接なかかわりをもつことが知られている（Erikson and Jonsson 1998; Davies and Guppy 1997; Hansen 1996）．その関係の一部を日本のデータを用いて確認したのが表3-1である．ここでは2005年の「社会階層と社会移動調査（SSM調査）」の結果から25〜34歳のサンプルを取り出し，到達階層と個人収入の分布を学歴（大卒は教育分野も加味）別に示した．到達階層は調査時の現

職とし，上級ホワイトカラー（専門／管理），下級ホワイトカラー（事務／販売），自営，ブルーカラー（農業を含む）の4つの階層を区別した[1]．これをみると同じ大卒の内部でも，上級ホワイトカラーへの到達率は保健，教育，理工の分野で人文，社会科学よりも高く，職業達成に対して教育分野がおよぼす影響が小さくないことがわかる．平均的な個人収入も教育分野に応じて異なり，保健や社会科学の分野で高い数値があらわれている．

表3-1 労働市場における地位形成に対して教育分野がもつ効果

	到達階層（行％）[注1]				個人収入（万円）[注2]	
	上級ホワイトカラー	下級ホワイトカラー	自営	ブルーカラー	平均値	標準偏差
人文科学	32.6	58.1	2.3	7.0	270.28	173.89
社会科学	25.9	62.4	0.0	11.8	365.31	184.10
理工	59.5	29.7	0.0	10.8	345.96	194.35
保健	100.0	0.0	0.0	0.0	512.50	422.15
教育	66.7	33.3	0.0	0.0	290.28	214.27
短大／高専	33.0	41.0	1.4	24.5	209.93	174.69
中学／高校	7.3	26.6	3.8	62.3	218.97	173.52

注1） $N = 688$. $\chi^2 = 229.7$ $(p < 0.001)$．
 2） $N = 774$. $F = 10.3$ $(p < 0.001)$．

このように労働市場での地位の形成に対して教育分野がある程度の有効性をもつ場合，誰がどの分野にすすむのかを問うことは，教育の不平等を考えるうえで重要な課題だといえる．ここで「誰が」とは「どのような階層の出身者が」ということを意味している．そうした観点からは，出身階層の有利さが教育分野の選択を媒介して到達階層を規定するという世代間関係の仮説モデルを定立することができる（Blau and Duncan 1967）．さらに教育分野の選択が，必ずしも労働市場での地位形成を意図した投資的な行為ではないときでも，どのような学科・専攻の学習内容に興味や関心をもつかに，両親に代表される重要な他者の働きかけが関係している可能性がある．

本章は世代間関係の研究の成果に，教育分野の選択という切り口から，新たな知見を付け加えることを目的とする．教育分野の選択が出身階層から受けているさまざまな影響を，実際のデータでみていく．同一学校段階における水平方向の分化をとらえるために教育分野に注目した研究は，これまでにもおこな

われている．高等教育を扱ったものではないが，海外の事例をみると中等教育への進学機会における出身階層の制約が弱まる一方で，卒業資格（修了時の学科・コース，バカロレアなど）のタイプにかんしては平等化がすすんでいないことがわかる（Ichou and Vallet 2011; Lucas 2001）．この章では，こうした分析の射程を高等教育まで拡張し，高校以降の教育経験の同質化がすすむ現代日本における高学歴層の内部分化の過程を描きだすことを試みる．

2 教育分野の選択における階層差の説明

(1) 経済的階層と文化的階層の対立

出身階層と教育達成とが結びつく現象には，さまざまな説明が与えられてきた．文化的再生産（cultural reproduction）の議論は，学校での成功の決め手となるのは，家庭の文化的環境と学校教育との親和性だと主張する．これに対して，個人の合理的選択に理論的な軸足を置く立場では，親の社会的地位を参照基準とし，学校教育を地位維持のための投資財と見なす市場モデル（market model）の力学が強調される．ここで紹介した2つの理論は，どちらも親の地位が高いとき，子どもの教育達成も高くなると予測するものであり，その経験的妥当性にかんしてデータに依拠した検証が蓄積されている（van de Werfhorst and Hofstede 2007）．

文化的再生産や市場モデルの論理は，教育分野の選択における階層差を説明するうえでも効果的だと考えられる（van de Werfhorst et al. 2001）．ただし，教育分野には明確な上下の序列があるわけではなく，高い（あるいは低い）階層の再生産を一元的に担う役目を果たしているとは考えにくい．そこで，ここでは社会における多様な階層集団の存在に意識を向けることで，出身階層と教育分野との質的な対応関係について，検討を加えてみたい．

ブルデュー（Bourdieu, P.）は社会階層の多様性を記述するために，経済的階層と文化的階層を区別した（Bourdieu 1979 = 1990）．両者の差異は，個人が蓄積した資源の総量と形態に由来する．経済的階層の上層には，経営者や管理職などがくる．他方，文化的階層の上層を占めるのは，教師やジャーナリストなどの専門的な職業に従事している人たちである．このような議論を前提とした

うえで，経済的ないし文化的エリートの再生産に対する教育分野の関与について，上述の2つの理論を糸口に考察をすすめていく．

　文化的再生産の理論にもとづけば経営・管理層のもつ価値志向は物質主義的であり，そうした階層の出身者が親から受け継ぐ知識や関心も経済やビジネスにかかわるものが中心的だと想定できる．進学先も教授内容において，そのような家庭環境との親和性が高い社会科学の分野が選ばれやすくなるだろう．さらに市場モデルの予測からは，経済的エリートの子弟は物質的な豊かさの達成という点で見通しの明るい教育分野にすすむと想像される．ここで収入を物質的な豊かさの指標と見なせば，経営・管理層の出身者は保健，次いで社会科学の分野にすすむ見込みが大きいと予測できる（表3-1，個人収入の分析結果）．

　これに対して，専門職の親をもつ子どもは文化的な資質や美的性向の身体化を前提とし，またその増幅に寄与すると期待可能な教育分野にすすむと予測できる．人文科学はそうした分野の典型と見なせるだろう．また市場モデルの枠組にもとづけば，文化的エリートの子弟は専門職への到達率を考慮に入れたうえで，高等教育の分野を選択すると考えられる．その場合，保健，教育，理工の分野が進学先として有力視されることになるだろう（表3-1，到達階層の分析結果）[2]．

　世帯収入と教育分野の選択との関係も，こうした文脈を理解するための補助線として利用できるかもしれない．世帯収入のレベルが個人の経済的出自を直接的にとらえているとすれば，経済的エリートの子弟に特徴的な教育分野の選択のパターンが，世帯収入の効果についても見られる可能性がある．学費の支払い能力という常識的な説明とは別に，世帯収入の効果にかんするこのような推測の妥当性をデータで確かめることも，興味深い作業だといえよう．

(2) 教育分野選択の世代間類似性

　ここまで家庭内に蓄積された資源の形態と到達目標としての階層的地位，そしてそれらと密接に関わる志向ないし選好の形成を手がかりに，教育分野の選択における要因構造について考察をすすめてきた．教育分野の選択に対して親自身の学歴（教育経験）がもつ働きかけについても前項と同様の枠組で整理することが可能である．

親が教育分野での学習をとおして身に付けた知識や技術は，専門教育に対する子どもの関心や適応を助長する直接的な教育資源となる．さらに将来，出身階層からの下降移動を避けたければ，親と同じ専門分野で教育を受けることは，1つの現実的な判断として理解することができる．加えて，特定分野の学習内容や就職の見通しについて親がもつ情報の確度は，子どもの教育達成と労働市場への円滑な移行の助けとなることが期待される（Erikson and Jonsson 1996）．

文化的再生産と市場モデルのプロセスを考慮することで，親学歴の効果についてはいたってシンプルな予測が導かれる．それは，高等教育の専門分野を決める際に，高校生は親と同じ学科・専攻にすすむ確率が高いと要約することができる（van de Werfhorst et al. 2001）．

3 教育分野と出身階層の操作的定義

本章の分析にとって重要概念である教育分野は，次のように定義した．高校生に卒業後の進路を聞いた質問から高等教育（大学・短大）への進学層と高卒層（専門学校を含む）を区別し，前者については進学を希望する学科・専攻にもとづき，さらに細分化した[3]．教育分野の広がり（多様性）への対応と分析に必要なケース数の確保を勘案し，ここでは「1 文学／芸術／教養」，「2 法律／商経／社会」，「3 理工／農業／情報」，「4 医歯／薬学／看護」，「5 教育／保育／学校」，「6 その他／未定」の6つの教育分野を区別した[4]．分析の際には「7 高校／専門」を加え，7個のカテゴリをもつ変数として扱う．これと同じ分類を父学歴についても作成した[5]．

父学歴以外に，出身階層の指標として父職業と世帯収入の2つを用いる．父職業は文化的エリートと経済的エリートの対立を念頭に置き，SSM 職業8分類をベースに「I 専門的職業」，「II 管理的職業」，「III 事務／販売」，「IV ブルー／農業」，「V その他／不在」を区別した．世帯収入はカテゴリごとのケース数がおおよそ等分になるように「850万円以上」，「600〜850万円」，「600万円未満」の3分類とした．

分析に使用するその他の変数は回答者の性別と学校タイプである．これらの追加変数の効果は多変量解析でのみ検討する．学校タイプの分類は本書の共通

変数として用意されたものであり（第1章），今回の分析には「普通科Ⅰ（偏差値57以上）」，「普通科Ⅱ（偏差値56以下）」，「専門学科」の3分類を使うことにした[6]．

4　分析結果

(1) 出身階層が教育分野の選択におよぼす影響1 ——クロス分析

　父職業，世帯収入，父学歴と教育分野の選択との関係をクロス分析により調べた．表3-2がその結果である[7]．ここでは出身階層がおよぼす影響を特化係数でとらえている．特化係数は各セルの相対度数（行%）を，そのセルが含まれる列の周辺構成比で除することにより求められる．i行j列の特化係数が1より大きければ，第i行の選択が全体に比べて第j列の教育分野に特化していることを意味する[8]．

　父職業の結果から順を追ってみていこう．父職業が「ブルー／農業」だと，「高校／専門」の特化係数について1.57という大きな数字があらわれている．この階層の出身者の多くが高卒後は進学せず就職しようと考えていることがわかる．あるいは，進学したとしてもせいぜい専門学校までしか意識されていないともいえる．そうした傾向は教育分野の特化係数がきなみ1を下回っている点からもとらえられる．これとは反対に「専門」や「管理」の出身者は大半の教育分野にかんして1以上の特化係数が示されている．表3-2のデータが伝えるのはもちろん実際の進学結果ではなく，期待形成のプロセスでしかない．しかしながら，上述の結果は高等教育の機会において階層間に明白な断層が存在することと基本的にパラレルだと考えてよいだろう（近藤 1997）．

　高等教育の典型的な利用層である「専門」と「管理」の出身者では，「文学／芸術／教養」の選択率が高くなっている．それ以外の分野については選択傾向のちがいが見られ，父職業が「専門」だと「理工／農業／情報」と「医歯／薬学／看護」が，「管理」だと「法律／商経／社会」が選ばれる確率が高い．このような知見は，「専門」と「管理」では，階層的地位の再生産のために教育投資をおこなう分野が異なるとの見方と適合的である．

　世帯収入の影響についても「600万円未満」の層で「高校／専門」の特化係

第3章 大学・短大の専門分野はどのように決まるのか

表 3-2　教育分野選択の階層的基盤

		1 人文	2 社会	3 理工	4 保健	5 教育	6 未定	7 高校	人数(n)
父職業	Ⅰ 専門的職業	**1.32**	1.15	**1.51**	**1.28**	1.09	0.34	0.45	139
		(18.0)	(16.5)	(25.9)	(12.2)	(12.9)	(2.2)	(12.2)	(100.0)
	Ⅱ 管理的職業	**1.64**	**1.56**	1.08	0.72	0.82	0.77	0.57	103
		(22.3)	(22.3)	(18.4)	(6.8)	(9.7)	(4.9)	(15.5)	(100.0)
	Ⅲ 事務／販売	1.04	1.01	1.06	**1.23**	1.03	1.06	0.83	368
		(14.1)	(14.4)	(18.2)	(11.7)	(12.2)	(6.8)	(22.6)	(100.0)
	Ⅳ ブルー／農業	0.56	0.84	0.61	0.68	1.11	1.14	**1.57**	275
		(7.6)	(12.0)	(10.5)	(6.5)	(13.1)	(7.3)	(42.9)	(100.0)
	Ⅴ その他／不在	0.96	0.78	1.02	0.92	0.74	**1.36**	1.18	161
		(13.0)	(11.2)	(17.4)	(8.7)	(8.7)	(8.7)	(32.3)	(100.0)
	$\chi^2 = 96.4$. Cramér's $V = 0.152$. $p < 0.001$.								
世帯収入	850 万円以上	0.99	**1.46**	1.12	**1.52**	1.10	0.75	0.53	292
		(13.4)	(20.9)	(19.2)	(14.4)	(13.0)	(4.8)	(14.4)	(100.0)
	600 〜 850 万円	1.11	1.15	1.15	0.94	0.93	1.02	0.82	291
		(15.1)	(16.5)	(19.6)	(8.9)	(11.0)	(6.5)	(22.3)	(100.0)
	600 万円未満	0.93	0.59	0.78	0.63	1.05	1.02	**1.49**	403
		(12.7)	(8.4)	(13.4)	(6.0)	(12.4)	(6.5)	(40.7)	(100.0)
	DK ／ NA	0.98	0.82	1.17	**1.23**	0.42	**2.08**	0.92	60
		(13.3)	(11.7)	(20.0)	(11.7)	(5.0)	(13.3)	(25.0)	(100.0)
	$\chi^2 = 94.7$. Cramér's $V = 0.174$. $p < 0.001$.								
父学歴	1 文学／芸術／教養	**2.03**	0.97	1.01	1.08	**1.46**	1.08	0.25	29
		(27.6)	(13.8)	(17.2)	(10.3)	(17.2)	(6.9)	(6.9)	(100.0)
	2 法律／商経／社会	**1.34**	**1.59**	0.96	1.02	1.15	0.89	0.50	176
		(18.2)	(22.7)	(16.5)	(9.7)	(13.6)	(5.7)	(13.6)	(100.0)
	3 理工／農業／情報	0.82	1.19	**1.72**	**1.65**	0.89	0.52	0.48	153
		(11.1)	(17.0)	(29.4)	(15.7)	(10.5)	(3.3)	(13.1)	(100.0)
	4 医菌／薬学／看護	**4.90**	0.00	**1.95**	0.00	0.00	0.00	0.00	3
		(66.7)	(0.0)	(33.3)	(0.0)	(0.0)	(0.0)	(0.0)	(100.0)
	5 教育／保育／学校	1.10	**1.40**	1.17	**1.58**	**1.27**	0.00	0.55	20
		(15.0)	(20.0)	(20.0)	(15.0)	(15.0)	(0.0)	(15.0)	(100.0)
	6 その他／不明	**1.24**	0.92	1.04	0.81	1.17	**1.33**	0.82	130
		(16.9)	(13.1)	(17.7)	(7.7)	(13.8)	(8.5)	(22.3)	(100.0)
	7 高校／専門	0.82	0.76	0.69	0.88	0.91	1.14	**1.46**	441
		(11.1)	(10.9)	(11.8)	(8.4)	(10.7)	(7.3)	(39.9)	(100.0)
	DK ／ NA	0.71	0.82	**1.25**	0.56	0.90	1.16	**1.25**	94
		(9.6)	(11.7)	(21.3)	(5.3)	(10.6)	(7.4)	(34.0)	(100.0)
	$\chi^2 = 131.5$. Cramér's $V = 0.145$. $p < 0.001$.								

注 1：セル内の数値は特化係数（行 %）．特化係数は 1.2 以上の推定値を強調表示．世帯収入と父学歴について具体的な回答が得られていないもの（分からない，無回答）は DK ／ NA に分類．
　 2：$N = 1046$.

数が大きく，家庭の経済的格差が大学・短大進学の阻害要因となっている様子がうかがえる．「850 万円以上」の高収入層では「高校／専門」のカテゴリに含まれるものが少なく，大多数の生徒は高校を卒業後，何らかの専門教育を受

けることを希望している．特化係数を参考に教育分野の選択率を調べると，「850万円以上」の層ではどの分野も均等に選択されているわけではなく，「法律／商経／社会」と「医歯／薬学／看護」との関係の強さが見て取れる．

父学歴のカテゴリは目的変数と同じなので，教育分野の流動性を検討することができる．父親と高校生のあいだで教育分野の一致が見られるとき，教育分野の世代間移動（変化）が起きていないと考えるのである．比喩的にこれを教育分野の継承と呼んでもよい．表3-2の父学歴の影響について調べた部分では，教育分野の継承は「DK／NA」を除く主対角線上の要素として出現する．そうした要素の多くについて比較的大きな特化係数の推定値（目安として1.2以上）が得られているというのが，ここでの主要な発見である．教育分野の決定プロセスにおいて，高校生は父親と同じ学科・専攻を選びやすいという仮説を，こうしたデータによって裏付けることができる．

(2) 出身階層が教育分野の選択におよぼす影響2
──条件付き多項ロジット・モデル

クロス分析の結果から，出身階層は教育分野の選択に対してある程度の影響をおよぼしていることが確認できた．ただし，そこでの分析結果は出身階層がもたらす影響について最低限の手がかりを与えはするものの，説明変数間の内部相関が統制されていないため，個々の要因がもつ潜在的な効果を知るのに適した材料とはいえない．この不足を補うべく，次に多変量解析を用いて出身階層と教育分野の選択との関係を見ていく．性別と学校タイプの効果も合わせて検討する．

本章の目的変数は3つ以上のカテゴリをもつ離散変数であり，このような場合，解析技法としては多項ロジット・モデルの使用が推奨されている．そうした方針にしたがい，今回の分析にも多項ロジット・モデルを適用するが，父学歴の効果は条件付きロジット・モデルにより推定する．条件付きロジット・モデルは選択状況（個人特性）とは別に選択肢特性が意志決定の結果（どの選択肢が選ばれるか）に与える影響を調べるために開発された統計手法であり（Hoffman and Duncan 1988），社会移動研究の分野では，クロス分析と個人データの解析を統合する方法として利用されている（Dessens et al. 2003）．本章の仮説

設定に即していえば父学歴の効果は教育分野の継承が見られるか否かに関心があるので，統計分析においてもそのようなパターンを直接的に吟味できることが望ましい．教育分野の特徴的な世代間関係（前項で指摘した主対角線上の構造）を個人データの分析でとらえるのに，条件付きロジット・モデルが使えると理解してもらえれば，まずはじゅうぶんである．

教育分野の選択を条件付き多項ロジット・モデルによって検討した結果を表3-3に整理した．モデル1はすべての教育分野で継承性の強さが共通だと想定し，父学歴の効果を推定したものである．継承性の効果は統計的に有意（1%水準）である．また推定値の符号（正）からは，高校生が父親と異なる学科・専攻ではなく，同じ教育分野を選択しやすいことをあらためて確認できる（Kraaykamp et al. 2013; van de Werfhorst et al. 2001）．

モデル2は継承性の効果が教育分野のカテゴリごとに異なると想定した場合の結果を示している．「医歯／薬学／看護」や「教育／保育／学校」では父学歴のケース数が不足気味なのが響き，継承性の効果について安定した推定値が得られていない．「法律／商経／社会」と「理工／農業／情報」の領域では教育分野の継承が明確にあらわれている．高等教育の水準とは独立に非大卒層（「高校／専門」）において明瞭な再生産傾向が生じていることも見逃せない点である．

出身階層と性別，学校タイプが教育分野の選択に与える影響を同時に見たのがモデル3である．複数の要因の効果を相互に統制したとしても，「法律／商経／社会」と「理工／農業／情報」では5%水準で有意な継承性の効果が認められる．「文学／芸術／教養」については継承性の効果は統計的に有意ではないものの，係数の推定値は大きい[9]．教育分野の継承は父学歴と他の説明要因との重複（相関）によりもたらされた擬似的な現象ではないことを，以上の結果は示している．

「専門」との比較をとおして父職業の効果を検討すると，10%水準ではあるが「管理」の出身者は「医歯／薬学／看護」よりも「文学／芸術／教養」を有意に選択しやすい．表3-2で見られた「専門」と「医歯／薬学／看護」との結びつきの強さの一端が，ここにあらわれているといえるかもしれない．父職業が「ブルー／農業」や「その他／不在」だと，「文学／芸術／教養」の選択率

表3-3 高校生の教育分野選択を条件付き多項ロジット・モデルで分析した結果

モデル1							
継承性パラメータ	0.712**						
(6 intercepts)							
Log-Likelihood = −1907. $LR\ \chi^2$ = 71.2 ($p < 0.001$). McFadden R^2 = 0.018							
モデル2	1 人文	2 社会	3 理工	4 保健	5 教育	6 未定	7 高校
継承性パラメータ	0.733+	0.507*	0.666**	[---] a	0.100	0.154	1.003**
(6 intercepts)							
Log-Likelihood = −1902. $LR\ \chi^2$ = 80.8 ($p < 0.001$). McFadden R^2 = 0.021							
モデル3	1 人文	2 社会	3 理工	4 保健	5 教育	6 未定	7 高校
継承性パラメータ	0.591	0.486*	0.543*	[---] a	0.146	0.059	0.471*
性別(基準:男性)							
女性	[ref.]	−1.207**	−2.602**	−0.158	−0.163	−0.291	−0.631*
父職業(基準:Ⅰ専門的職業)							
Ⅱ 管理的職業	[ref.]	−0.153	−0.389	−0.993+	−0.660	0.454	−0.256
Ⅲ 事務／販売	[ref.]	−0.083	0.094	0.187	0.149	1.311*	0.557
Ⅳ ブルー／農業	[ref.]	0.749+	0.325	0.380	0.750+	1.897**	1.283**
Ⅴ その他／不在	[ref.]	0.231	0.355	0.108	−0.032	1.463*	0.968*
世帯収入(基準:850万円以上)							
600〜850万円	[ref.]	−0.334	−0.072	−0.700*	−0.465	−0.140	−0.089
600万円未満	[ref.]	−0.919**	−0.254	−0.985**	−0.303	−0.162	0.301
学校タイプ(基準:普通科Ⅰ)							
普通科Ⅱ	[ref.]	−0.323	−0.341	−0.122	0.425	0.954*	2.349**
専門学科	[ref.]	−0.685	−0.323	−0.845	0.560	1.109*	3.928**
(6 intercepts)							
Log-Likelihood = −1618. $LR\ \chi^2$ = 648.4 ($p < 0.001$). McFadden R^2 = 0.167							

注:選択肢数 = 7322,生徒数 = 1046. ** $p < 0.01$, * $p < 0.05$, + $p < 0.10$ (両側検定). 世帯収入のDK／NA,学校タイプのその他／不明については推定値の記載を省略. a 信頼性の低い推定値(非掲示).

(実際は対数オッズ)が低下する.ただし,それ以外の学科・専攻が目立って選ばれやすいというわけではなく,「その他／未定」と「高校／専門」に回答が集中する様子が示されている.

　教育分野の選択に世帯収入がおよぼす影響も統計的に有意であり,「850万円以上」と「600万円未満」の家庭を比べたとき,後者において「法律／商経／社会」と「医歯／薬学／看護」が選択されにくくなっている.さらに収入差の効果は「850万円以上」と「600〜850万円」とのあいだにも見られ,世帯収入が上昇するほど,「医歯／薬学／看護」が選ばれやすくなると要約できそうである.

　モデル3には階層要因に加えて性別と学校タイプも説明変数として投入されている.性別にかんしては男子よりも女子のほうが「文学／芸術／教養」を希

望しやすく，逆に「法律／商経／社会」と「理工／農業／情報」は選択しにくい．性別にもとづく水平的な進路分化が生じているといえる．学校タイプと教育分野の選択との関係はそれほど強くない．進学校を多く含む「普通科Ⅰ」以外で「高校／専門」を選ぶ生徒が多いというのが，学校タイプの効果の主要な内容である．

(3) ジェンダーによる教育分野の選択構造の差異

すでに指摘したように教育分野の選択は，性別の影響を受けている．それ自体はとくに驚くことではないが，そうした表面的な性差に加えて選択の要因構造にも男女間の差異が認められるかもしれない．この可能性を探るために，表3-3と同じ形式で男女別の構造を吟味した．表は割愛するが，本章のテーマに直接関わる部分について，結果を簡単に紹介しよう．

父学歴の効果は男女で傾向が異なり，男子では「法律／商経／社会」と「理工／農業／情報」で教育分野の継承が生じていた．女子についてはそれらの分野で親子の選択が一致する傾向は存在せず，「文学／芸術／教養」においてのみ継承性の有意な効果が確認された．

また，男子では父職業が「専門」だと他の階層に比べて「文学／芸術／教養」を選択しにくい傾向があらわれていた．「専門」の出身者には「医歯／薬学／看護」を選択するものが多く，「管理」に加えて「事務／販売」とのあいだにも統計的な有意差が検出された．「事務／販売」との対比では，「法律／商経／社会」と「理工／農業／情報」も選ばれやすくなっていた．これと対照的に女子では「専門」の出身者ほど「文学／芸術／教養」を選ぶ傾向が顕著であり，「法律／商経／社会」と「医歯／薬学／看護」は「事務／販売」と，そして「理工／農業／情報」は「ブルー／農業」との結びつきにかんして統計的な有意性が認められた．

5　世代間関係の限られた開放化

本章では教育分野の選択をテーマとして，社会階層が進路希望におよぼす影響について分析をおこなった．その結果，①専門職の出身者には理工や保健を

選ぶものが多いこと，②社会と保健の選択率が世帯収入の高低と結びついていること，③父親と同じ学科・専攻で専門教育を受けたいと思う高校生が少なくないこと，などが確認された．

　出身家庭の階層的な特徴が教育分野の選択に影響をおよぼすプロセスは，文化的再生産と市場モデルの働きにより理解可能だというのが，本章の理論的な予測であった．上述の分析結果はこの予測に経験的な根拠を与えたものと評価することができる．たとえば，世帯収入の影響は，高等教育の専門分野が社会や保健だと，卒業後に高収入を得られる見込みが大きく，富裕層の再生産にとって良好な条件であることと辻褄が合う．父親の教育経験が示す有効性も，家庭環境と教育分野との親和性，さらには進学や就職の際に子どもが入手可能な情報の階層差を総合的にとらえていると解釈できる．

　男女別の分析結果を参考にすれば教育分野の選択の背後で働くメカニズムについて，さらに踏み込んだ解釈が可能かもしれない．父職業と人文との関係の仕方は男女間に鮮明な差異が見られた．男子では父親が専門職だと，専門職への到達を保証するような学科・専攻（理工，保健など）が選ばれやすく，市場モデルの論理にしたがった教育分野の選択がおこなわれている可能性が高い．他方，女子の場合は専門職層における人文の選択率が高く，家庭の文化的環境が示差的な志向や選好の形成をとおして，文学的ないし審美的な学科・専攻への進学を後押ししていることが示唆される．

　高等教育の学科・専攻の決定は出身階層の影響を受けており，自由な選択の結果ではないというのが本章の結論である．この現象は，進学率が上昇し同世代の教育経験が類似性を強めていくなかでも，学校教育の開放化が限られたものであることを示している（van de Werfhorst et al. 2001）．将来的に親世代でも高等教育が大衆化したコーホートがサンプルに含まれることで，こうした機会の不平等も融解していくのか，逆に強固なものとなっていくのかは，引き続き注意深く見ていく必要がある．また，個人の選好形成や移動意識に関するデータを充実させることで，現象の背後に潜むメカニズムをさらにクリアにすることも重要な課題である．そのような検証作業の中心をなすテーマとして，社会階層と教育分野の選択との関係を探る研究が，今後もすすめられていくことに期待したい．

付記

2005年SSM調査の使用にあたり，2015年SSMデータ管理委員会の許可を得た．本論は科学研究費補助金（特別研究員奨励費）による研究成果の一部である．

注

1）到達階層の操作的定義にはEGP階級分類（Erikson and Goldthorpe 1992）を用いた．表3-1との対応は次のとおりである．上級ホワイトカラー＝Ⅰ＋Ⅱ，下級ホワイトカラー＝Ⅲ，自営＝Ⅳa＋Ⅳb，ブルーカラー＝Ⅳc／Ⅴ＋Ⅵ／Ⅶa．
2）表3-1の上級ホワイトカラーは専門職と管理職の両方を含むが分析対象を若年層に限定しているため，実質的にはその多くが専門職だと考えられる．
3）高校卒業後の専門学校は学科・専攻の分類方式が大学・短大と異なるため，今回の分析では高校（高等教育への非進学層）の側に含めることにした．
4）学科・専攻にかんする自由記述の回答から具体的な教育分野を特定しにくいケースについては志望校のウェブサイトを閲覧し，そこに記載されているカリキュラムやシラバスを見てどのカテゴリを割り当てるのが適当かを判断した．
5）高校生のデータでは6番目のカテゴリがその他／未定だが，父学歴についてはその他／不明となっている．いずれについてもその他に含まれるケース数は多くなく，未定（進学希望だが，学科・専攻については無回答）と不明（高等教育を卒業しているが，学科・専攻については無回答）が多数を占める．なお，母親ではなく父親の教育分野を取り上げることにしたのは，高学歴化のペースに男女差があり，父親に比べて母親は高等学歴をもたない（つまり教育分野を定義することができない）ものが多いためである（父親の51％に対して母親では58％）．母親は高等教育を経験している場合もその多くは短大であり，学科・専攻にかんしては少数の分野への偏りが予想される．こうした点からも本章のテーマにとって母親のデータは向いていないと考えた．
6）学科と偏差値が不明の場合，学校タイプはその他／不明として処理した．
7）表の作成にあたって教育分野を表頭に置く際には，スペースの関係上，分類名に簡略化した表記を用いるようにした．表3-3も同様である．
8）i, jはクロス表の行と列の番号に該当する数字をあらわす（$i = 1, \cdots, I; j = 1, \cdots, J$）．父職業を例とすれば1行目がⅠ専門に，2行目がⅡ管理に該当する．そして教育分野の1列目は1 人文を，2列目は2 社会を指す．i行j列というのは，第i行と第j列の交点に位置するセルに言及する際に用いられる慣習的な表現である（例：父職業がⅠ専門，選択された教育分野が1 人文の場合，1行1列）．
9）もっとも，統計的に有意な推定値が得られていない以上，「文学／芸術／教養」がもつ効果の解釈は慎重におこなう必要がある．

文献

荒牧草平, 2000,「教育機会の格差は縮小したか——教育環境の変化と出身階層間格差」近藤博之編『日本の階層システム 3 戦後日本の教育社会』東京大学出版会, 15-35.

Blau, Peter M. and Otis Dudley Duncan, 1967, *The American Occupational Structure*, New York: John Wiley & Sons.

Bourdieu, Pierre, 1979, *La distinction: Critique sociale du jugement*, Paris: Éditions de Minuit.（= 1990, 石井洋二郎訳『ディスタンクシオン——社会的判断力批判Ⅰ・Ⅱ』藤原書店.）

Davies, Scott and Neil Guppy, 1997, "Fields of Study, College Selectivity, and Student Inequalities in Higher Education," *Social Forces*, 75(4): 1417-38.

Dessens, Jos A. G., Wim Jansen, Harry B. G. Ganzeboom, and Peter G. M. van der Heijden, 2003, "Patterns and Trends in Occupational Attainment of First Jobs in the Netherlands, 1930-1995: Ordinary Least Squares Regression versus Conditional Multinomial Logistic Regression," *Journal of the Royal Statistical Society. Series A (Statistics in Society)*, 166(1): 63-84.

Erikson, Robert and John H. Goldthorpe, 1992, *The Constant Flux: A Study of Class Mobility in Industrial Societies*, Oxford: Clarendon Press.

Erikson, Robert and Jan O. Jonsson, 1996, "Explaining Class Inequality in Education: The Swedish Test Case," R. Erikson and J. O. Jonsson eds., *Can Education Be Equalized? The Swedish Case in Comparative Perspective*, Boulder, Colo.: Westview Press, 1-63.

Erikson, Robert and Jan O. Jonsson, 1998, "Social Origin as an Interest-bearing Asset: Family Background and Labour-market Rewards among Employees in Sweden," *Acta Sociologica*, 41(1): 19-36.

Hansen, Marianne Nordli, 1996, "Earnings in Elite Groups: The Impact of Social Class Origin," *Acta Sociologica*, 39(4): 385-408.

樋田大二郎・岩木秀夫・耳塚寛明・苅谷剛彦編, 2000,『高校生文化と進路形成の変容』学事出版.

Hoffman, Saul D. and Greg J. Duncan, 1988, "Multinomial and Conditional Logit Discrete-Choice Models in Demography," *Demography*, 25(3): 415-27.

Ichou, Mathieu and Louis-André Vallet, 2011, "Do All Roads Lead to Inequality? Trends in French Upper Secondary School Analysed with Four Longitudinal Surveys," *Oxford Review of Education*, 37(2): 167-94.

近藤博之, 1997,「高等教育機会の趨勢—— 1995 年 SSM 調査の結果から」『IDE 現代の高等教育』388: 55-9.

Kraaykamp, Gerbert, Jochem Tolsma, and Maarten H. J. Wolbers, 2013, "Educational Expansion and Field of Study: Trends in the Intergenerational

Transmission of Educational Inequality in the Netherlands," *British Journal of Sociology of Education*, 34(5-6): 888-906.

Lucas, Samuel R., 2001, "Effectively Maintained Inequality: Education Transitions, Track Mobility, and Social Background Effects," *American Journal of Sociology*, 106(6): 1642-90.

尾嶋史章編, 2001, 『現代高校生の計量社会学──進路・生活・世代』ミネルヴァ書房.

van de Werfhorst, Herman G., Nan Dirk de Graaf, and Gerbert Kraaykamp, 2001, "Intergenerational Resemblance in Field of Study in the Netherlands," *European Sociological Review*, 17(3): 275-93.

van de Werfhorst, Herman G. and Saskia Hofstede, 2007, "Cultural Capital or Relative Risk Aversion? Two Mechanisms for Educational Inequality Compared," *British Journal of Sociology*, 58(3): 391-415.

第 4 章

誰が推薦入試を利用するか
高校生の進学理由に注目して

西丸良一

1 大学進学における推薦入試の位置づけ

　大学に入学する際の選抜方法は、さまざまな推薦入試によって多様化していった。推薦入試は、当初、受験競争に対する批判から生じた入試制度であったと同時に、第一次ベビーブーム世代による高卒者急増期の教育拡大を背景に、増加した大学入学志願者のための「マス選抜」とされ、その役割を請け負った（中村 2011）。しかし、第二次ベビーブーム世代の大学入学期以降、少子化により入試市場は縮小するにもかかわらず、大学の入学定員は縮小しなかった。そのため、学生確保を目的とする経営的側面を多分に含み、推薦入試は受験科目の少ない入試として実施されてきた（荒井 2011）といえる。

　こうした背景をもとに、実施されてきた推薦入試は、周知のとおり一般入試にくらべ、あまり学力を問わない選抜となっている。そのため、入試難易度の高くない普通科高校や専門科高校などの進路多様校に在学する学力の乏しい生徒が、推薦入試を利用し、大学に進学する傾向にある。また、一般入試にくらべ、推薦入試を利用予定の生徒の学習時間は短い傾向にある（中村 2011: 123-148 など）こともふまえれば、同じ大学進学における入試であっても、入試方法の違いで生徒の学力差が生じるのは明らかだ。

　このように、入試方法によって生徒の学力差は生じてしまうものの、中村高康（2011: 165-166）は、推薦入試に高校生の教育アスピレーションを再加熱す

る機能が備わっていることを示唆している．日本の選抜システムにおける生徒の教育アスピレーションは，まず，多くの生徒を高校受験という目標のための勉強へ向かわせ，加熱する．受験の結果，たとえ不本意な高校へ入学したとしても，アスピレーションは完全に冷却されるのではなく，大学という次の選抜に向け，アスピレーションの再加熱がうながされる．ただし，入学した高校などから自身の学力はある程度自明なため，際限なくアスピレーションが再加熱されるわけではなく，次善の目標に生徒をむかわせるような再加熱がおこなわれる．このように，生徒を選抜から降りさせない各学校タイプに見合った日本の層別競争移動の状態を，竹内洋（1995）は傾斜的選抜システムとして説明した．中村（2011）は，この日本的選抜システムにおいて，学力をあまり問わない推薦入試が学力試験（いわゆる一般入試）に不安をもち，大学進学を諦めた進路多様校の生徒のアスピレーションを再加熱させる一定の役割を果たしていることを示唆するのだ．こうした先行研究をふまえれば，問われる学力に差はあるものの，どちらの入試方法も大学進学にむけての選抜であるため，生徒のアスピレーションは同一方向にむいているといえる．

　だが，その一方，高卒就職が不安定にあるなか，推薦入試を利用した大学進学は，進路多様校の生徒にとっての一時的な避難先となっている可能性が示されている．安田雪（2003）は，近年の厳しい若年労働市場において「成績が低く，進学できない者が就職する」といった典型的なイメージとは異なり，「就職できないから進学する」高校生の存在を指摘する．また，西村貴之（2006）は，若年労働市場の変容によって高校生が狭まった進路選択を強いられるなか，できるだけ有利な就職機会を得るため，生徒に対し，推薦入試を前提とした大学進学が教師の進路指導によっておこなわれていることを示す．さらに，そうした経緯で進学した高校生が，不慣れな大学生活を経験していることもあわせて報告されていることから，大学卒業後の進路がフリーターやニート，または未定となる可能性が危惧されている．

　これら研究からわかることは，推薦入試を利用し，大学へ進学した進路多様校の生徒は，高校入学当初から大学への進学を考えていたわけではないということだ[1]．そのため，そうした生徒の多くは，本当は就職したかったが，一時的な避難先として大学へ進学しているのかもしれないのである．もし，こうし

たことが想定できるなら，当然，大学進学というアスピレーションは同じでも，利用する入試方法が異なれば，大学へ進学する理由は異なっている可能性が十分考えられる．

では，卒業後の進路が同じ大学進学だとしても，入試方法によって，大学への進学理由はどのようになっているのであろうか．本章は，大学への進学を希望する高校生を対象に，入試方法と進学理由の関係に注目する．まず，推薦入試と一般入試が，どのような進学理由をもった生徒に利用されるのか，またどのような高校に在学するか，学習時間や希望する大学など生徒の属性的要因と入試方法の関係を確認する．そして，推薦入試を利用する生徒と一般入試を利用する生徒の進学理由の違いが，生徒の在学する高校などを考慮したとしても確認できるのかを検討し，さいごに，そこから得られた知見について考察をおこなう．

2　入試方法を決める要因

(1) 高校生の進学理由と入試方法

まず，ここでは基礎的な分析を用いて，推薦入試を利用する生徒と一般入試を利用する生徒の進学理由を検討する．推薦入試は，各大学でかなり多様なかたちでおこなわれているが，本章は，いわゆる学力一斉試験のかたちをとる一般入試以外の入試（公募推薦・AO入試・指定校推薦・附属校推薦など）を「推薦入試」としている[2]．

高校生に対し，大学への進学理由を問うても，その理由が1つである生徒は少ない．そこで本章は，図4-1に示した10項目の1つ1つに「あてはまる」「あてはまらない」で回答されたものを用い，大学への進学理由を検討する．

図4-1に示した分析結果をみると，「高い学歴の方が就職に有利」と考える一般入試を利用する生徒は64.3％であるのに対し，推薦入試を利用する生徒は50.6％となっており，この13.7ポイントの差は統計的に有意であることが確認できた．また，「知識・資格を身につけたい」は一般入試を利用する生徒で64.9％，推薦入試を利用する生徒で57.6％と7.3ポイントの差，「教養を身につけたい」は一般入試を利用する生徒で37.3％，推薦入試を利用する生徒で

第4章　誰が推薦入試を利用するか

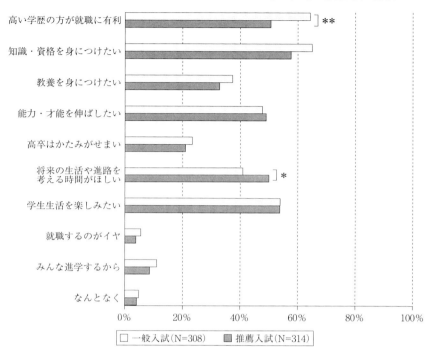

注：** $p<0.01$，* $p<0.05$．

図4-1　入試方法別にみる進学理由

32.8%と4.5ポイントの差が示されているが，統計的に有意ではない．

一方，「将来の生活や進路を考える時間がほしい」ため，大学へ進学しようとしている生徒は一般入試で40.9%，推薦入試で50.0%となっており，9.1ポイントの差が，統計的に有意なものとして確認できる．「高卒はかたみがせまい」「学生生活を楽しみたい」「能力や才能を伸ばしたい」「就職するのがイヤ」「みんな進学するから」「なんとなく」といった進学理由にかんしては，一般入試と推薦入試の間で明確な差を示さなかった[3]．

ここでの分析結果から，一般入試を利用する生徒は，大学進学にともなって得られるだろう効用を進学理由としているということがわかる．特に，統計的に有意な差が確認できた「高い学歴の方が就職に有利」という進学理由は，日本の特徴的な学歴社会観をあらわすといえる．そうした理由をもつ生徒は，や

71

はり日本の特徴といえる学力一斉試験のかたちをとる一般入試を利用する傾向にあるといえるのかもしれない．

一方，推薦入試を利用する生徒は，そうした理由を比較的もたず，「将来の生活や進路を考える時間がほしい」といったモラトリアム的な理由をもって，大学へ進学しようとしている．もちろん，こうした進学理由は，以前から高校生のもつ大学への進学理由として考えられている（水野 1976 など）．だが，入試方法によってこうした理由に差が確認されることは，先にも述べたとおり，高卒就職の不安定さにより，一時的な避難先としての大学に，あまり学力を問わない推薦入試を経て，進学しようとしている生徒のようすをあらわしているのかもしれない．ここでの分析結果をみる限り，入試方法によって生徒の大学への進学理由はいくらか異なっているといえる．

(2) 高校生の属性と入試方法

では，つぎに生徒の性別・学校タイプ・高校成績・高校の設置体・学習時間・希望する大学を入試方法別に示した表4-1を検討する．まず，性別と入試方法のクロス集計をみると，男子生徒は一般入試を，女子生徒は推薦入試を利用する傾向にあるが，統計的に有意な差ではない．吉原惠子（1998）は，大学受験において女子生徒の浪人忌避規範が，女子を推薦入試へ水路づけ，進学させていることを明らかにしたが，ここでそうした傾向は示されない．

学校タイプと入試方法は統計的に有意な差を示しており，より入学難易度の高い普通科Ⅰの生徒ほど一般入試を利用し，あまり入学難易度の高くない普通科Ⅱの生徒ほど推薦入試を利用することがわかる．また，専門科の生徒の 89.8%が推薦入試を利用し，大学へ進学しようとしていることもふまえれば，やはり進路多様校とされる高校の生徒ほど，推薦入試を利用する傾向にあるようだ．上〜下の5段階で示した高校成績は，高いほど推薦入試を利用する傾向を示すものの，統計的に有意な差として確認はできない．

高校の設置体と入試方法は，統計的に有意な差を示す．一般入試を利用する公立高校[4]の生徒は 53.4% である一方，私立高校の生徒は 40.1% となっており，私立高校の生徒の多くは推薦入試を利用し，大学へ進学する傾向にある．私立高校は，全国的にみれば，公立高校を補完する立場にある（松本 1992）ため，

私立高校へ入学する生徒の学力は，公立高校の生徒より平均的に低い．こうしたことは実証的にも明らかにされている（香川他 2014; 西丸 2014）．先の分析でも示したように，学力をあまり問われない推薦入試が，おもに進路多様校の生徒に利用される傾向にあるならば，公立高校にくらべ，学力の低い私立高校の生徒が推薦入試を利用するこうした分析結果は整合的だといえよう．また，附属校推薦といった私立高校独自の入試方法の存在も，こうした結果につながる要因と考えられる．

表4-1　生徒の属性と入試方法

		一般入試	推薦入試	合計	N
性別	男子	53.3%	46.7%	100.0%	315
$\chi^2 = 3.414$	女子	45.6%	54.4%	100.0%	307
学校タイプ	普通科Ⅰ	64.3%	35.7%	100.0%	339
$\chi^2 = 79.145^{**}$	普通科Ⅱ	37.5%	62.5%	100.0%	224
	専門科	10.2%	89.8%	100.0%	59
高校成績	上	43.0%	57.0%	100.0%	86
$\chi^2 = 5.454$	中の上	45.6%	54.4%	100.0%	160
	中の中	51.0%	49.0%	100.0%	196
	中の下	51.4%	48.6%	100.0%	111
	下	59.4%	40.6%	100.0%	69
高校の設置体	公立	53.4%	46.6%	100.0%	440
$\chi^2 = 8.585^{**}$	私立	40.1%	59.9%	100.0%	182
学習時間	0分	35.8%	64.2%	100.0%	67
（平日の塾＋家庭）	1〜60分	35.5%	64.5%	100.0%	200
$\chi^2 = 39.477^{**}$	61〜120分	54.4%	45.6%	100.0%	147
	121分以上	63.9%	36.1%	100.0%	208
希望する大学	国公立	73.3%	26.7%	100.0%	251
$\chi^2 = 96.038^{**}$	私立	31.4%	68.6%	100.0%	210
	未定	36.0%	64.0%	100.0%	161

注：** $p<0.01$，* $p<0.05$．

平日の塾や家庭での勉強のようすをあらわす学習時間も，統計的に有意な差を示す．勉強量の少ないことをあらわす0分や1〜60分は，一般入試を利用する生徒より，推薦入試を利用する生徒の方で多くなっている一方，121分以上勉強する生徒は，推薦入試を利用する生徒より，一般入試を利用する生徒の方で多くなっている．一般入試にくらべ，推薦入試は学力をあまり必要としない入試であるようすが学習時間からもうかがえる．

希望する大学と入試方法の分析結果をみると，国公立大学への進学を希望する生徒ほど一般入試を利用し，私立大学への進学を希望する生徒ほど推薦入試を利用する傾向が確認できる．推薦入試はマス選抜であるとされるように，すべての大学が一律に推薦入試枠を設けているわけではない．2014年度に推薦入試で入学した学生は，国公立大学で18.1%，私立大学で51.1%となっているように，推薦入試はおもに私立大学で実施されている．ここでの結果は，そうした背景を反映したものであるといえよう[5]．また，当然ながら，調査対象が高校2年生であるため，希望する大学が明確に決まっていない生徒もいる．ここでは，そうした生徒の64.0%が推薦入試を利用することを示すが，希望する大学が未定なら，入試方法も明確に決まっていない可能性は高いため，分析結果の読み取りに十分な留意は必要だ．

(3) 入試方法に対する高校生の進学理由と属性の影響

ここまでの分析から，一般入試にくらべると，推薦入試を利用する生徒は，学歴社会観にもとづく学歴による効用をあまり進学理由とせず，モラトリアム的な進学理由をもつ傾向にあることがわかった．大学進学というアスピレーションは同じでも，大学進学の理由は異なるのである．また，属性的な側面において，一般入試にくらべ，推薦入試を利用する生徒は，進路多様校であること，私立高校であること，学習時間が短いこと，私立大学への進学を希望していることがわかった．

ただ，こうした分析結果は，入試方法に対し，それぞれの要因が独立に影響を示すことをあらわしたわけではない．たとえば，一般入試，推薦入試，それぞれの入試方法を利用する生徒の大学進学理由は，学校タイプや成績などをコントロールすることで，直接的な影響を示さないかもしれない．なぜなら，生徒の大学進学理由の違いは，学校タイプや成績とも関係している可能性が高いからだ．では，入試方法に対し，どの要因が独立した影響を示すかを確認するため，大学進学の際に推薦入試を利用するなら1，一般入試を利用するなら0を与えたダミー変数を従属変数としたロジスティック回帰分析を用いて検討しよう．

使用する独立変数は，図4-1で示した各進学理由，表4-1で示した性別，学

校タイプ，高校成績，高校の設置体，学習時間，希望する大学である．進学理由はそれぞれの理由にあてはまるなら1，あてはまらないなら0を与えたダミー変数である．性別は女子に1，男子に0を与えたダミー変数とした．学校タイプは，「普通科Ⅰ」を基準変数とし，「普通科Ⅱ」，「専門科」と3分類したダミー変数として用いる．高校成績は学内での順位を示し，上〜下に対して5〜1の数値を与えた量的変数である．

　高校の設置体は在学する高校が私立高校なら1を，公立高校なら0を与えたダミー変数である．学習時間はまったく勉強しない「0分」を基準変数とし，「1〜60分」「61〜120分」「121分以上」と4分類したダミー変数を用いる．進学を希望する大学は，国公立大学への進学希望をあらわす「国公立」を基準とし，私立大学への進学希望をあらわす「私立」，まだ具体的な進学希望の大学がない「未定」の3つにわけたダミー変数とした．

　分析結果である表4-2を検討しよう．モデル1は，生徒の進学理由と性別を独立変数として用いたものである．「高い学歴の方が就職に有利」が負の影響，「将来の生活や進路を考える時間がほしい」が正の影響を示しており，他の進学理由はそうした影響を示さない．こうした結果は，図4-1で確認されたとおり，推薦入試を利用する生徒は，学歴による効用をあまり進学理由としておらず，モラトリアム的な進学理由をもつ傾向にあることを示す[6]．表4-1では確認されなかったが，性別は正の影響を示しており，男子生徒より女子生徒の方が推薦入試を利用する傾向にあるようだ．受験人口の減少により，浪人するリスクは低下したとしても，吉原（1998）の示すように，依然，女子生徒の浪人忌避規範が存在しているといえる．

　モデル2は，モデル1に対し，学校タイプを独立変数に加えたものである．学校タイプは，表4-1でも確認されたが，普通科Ⅰにくらべ，普通科Ⅱ，専門科の方が推薦入試を利用する傾向にある．学校タイプをコントロールする一方，進学理由をみると，モデル1で確認された「将来の生活や進路を考える時間がほしい」の正の影響が示されていない．つまり，こうした進学理由は生徒の在学する学校タイプと関係しており，進路多様校の生徒ほどモラトリアム的な進学理由をもっていることを示している．

　モデル3は，高校成績，高校の設置体といった他の高校要因と学習時間を加

表 4-2 大学進学希望者の入試方法を規定する要因

	モデル 1	モデル 2	モデル 3	モデル 4
(定数)	.198	−.577*	−.962*	−2.022**
	(.207)	(.242)	(.414)	(.472)
高い学歴の方が就職に有利	−.551**	−.435*	−.420*	−.248
	(.173)	(.185)	(.192)	(.202)
知識・資格を身につけたい	−.328	−.266	−.248	−.207
	(.186)	(.196)	(.205)	(.214)
教養を身につけたい	−.184	−.139	−.080	.022
	(.187)	(.198)	(.206)	(.215)
能力・才能を伸ばしたい	.228	.295	.330	.396
	(.185)	(.196)	(.204)	(.214)
高卒はかたみがせまい	−.021	.144	.264	.213
	(.205)	(.217)	(.227)	(.239)
将来の生活や進路を考える時間がほしい	.455**	.344	.355	.357
	(.174)	(.185)	(.193)	(.202)
学生生活を楽しみたい	−.040	−.035	−.082	−.097
	(.175)	(.187)	(.194)	(.202)
就職するのがイヤ	−.329	−.381	−.423	−.477
	(.411)	(.438)	(.446)	(.470)
みんな進学するから	−.255	−.004	.019	−.182
	(.299)	(.312)	(.326)	(.338)
なんとなく	−.206	−.308	−.250	−.036
	(.419)	(.449)	(.463)	(.488)
性別 （0= 男子, 1= 女子）	.332*	.392*	.583**	.507*
	(.166)	(.177)	(.188)	(.197)
学校タイプ（基準：普通科 I）				
普通科 II		1.041**	.899**	.612**
		(.186)	(.194)	(.206)
専門科		2.746**	2.614**	2.364**
		(.451)	(.467)	(.483)
高校成績（5 段階）			.121	.222**
			(.080)	(.085)
高校の設置体（0= 国公立, 1= 私立）			.638**	.514*
			(.202)	(.213)
学習時間（基準：0 分）				
1～60 分			.228	−.069
			(.344)	(.370)
61～120 分			−.389	−.369
			(.357)	(.383)
121 分以上			−.776*	−.753*
			(.354)	(.379)
希望する大学（基準：国公立）				
私立				1.532**
				(.240)
未定				1.316**
				(.253)
−2LL	833.070	757.769	722.443	673.534
Cox-Snell R^2	.046	.155	.201	.262
Nagelkerke R^2	.061	.206	.268	.349

注 1：値は非標準化係数，括弧内は標準誤差をあらわす．
　2：N=622．
　3：** $p<0.01$，* $p<0.05$．

えたものである．高校成績は統計的に有意ではなく，その影響は確認されない．高校の設置体は正の影響を示しており，公立高校より私立高校の生徒の方が推薦入試を利用する傾向にある．学習時間は「0分」とくらべ，「121分以上」のみ負の影響を示しており，学習時間が長いほど推薦入試を利用せず，一般入試を利用する傾向が確認できる．ここでは高校成績，高校の設置体，学習時間をコントロールしたが，入試方法に対する生徒の進学理由の影響に大きな変化はないことがわかる．

さいごのモデル4は，生徒の希望する大学を独立変数として加えたものである．表4-1でも確認できた傾向だが，「国公立」を基準とした場合，「私立」は正の影響を示しており，私立大学への進学を希望する生徒ほど推薦入試を利用することがわかる．「未定」も推薦入試を利用する傾向にあるが，先に述べたとおり，分析結果の読み取りに留意が必要だ．その一方，進学理由に目を転じると，モデル3までに示されていた「高い学歴の方が就職に有利」の負の影響が確認されない．周知のとおり，私立大学より国公立大学の方が，おおむね高い入試難易度となっているため，ここで用いた生徒の希望する大学をあらわすダミー変数は，生徒の希望する大学の入試難易度もいくらか代替しているといえる．希望する大学をコントロールしたことで，入試方法に対する「高い学歴の方が就職に有利」の影響は吸収されたと考えられることから，国立大学への進学を希望する生徒より，私立大学を希望する生徒は入試難易度の差から，あまり学歴による就職の有利さを考慮していないといえよう．

また，高校成績が高いほど，推薦入試を利用する傾向も確認できる．当然ながら，高校成績は一般入試に必要とされる学力をあらわす要因でもあるため，希望する大学をコントロールすることで，そうした要因が除かれ，高校内の推薦入試枠を勝ち取るための高校成績としての影響が，ここで示されたのであろう[7]．

3 定まらない進路

本章は，高校生の進学理由に注目し，大学への進学の際，どのような生徒が推薦入試を利用しているのかを検討した．分析の結果，一般入試を利用する生

徒より，推薦入試を利用する生徒は，あまり「高い学歴の方が就職に有利」といった学歴による効用を進学理由としておらず，「将来の生活や進路を考える時間がほしい」というようなモラトリアム的な進学理由をもつ傾向にあった．ただし，こうした入試方法による進学理由の違いは，どのような高校に在学するか，どのような大学への進学を希望するかの違いによるものであり，これらをコントロールすれば，進学理由と入試方法との間に独立した関係は示されず，どちらの入試方法を利用し，大学へ進学したとしても進学理由に差はないことがわかった．

　こうした結果から，注目すべきは，推薦入試を利用する傾向にある進路多様校の普通科Ⅱや専門科の生徒が，大学進学という進路をとるにもかかわらず，将来の生活や進路を考えるために大学へ進学しようとしていることである．苅谷剛彦他（1997）は，進路多様校（特に普通科）の生徒は進むべき進路のみえにくさによって自身の進路を定めにくく，進路未定者となってしまうことを示す．この研究の知見から，本章の分析結果を読み取るなら，推薦入試を利用し，大学進学をする進路多様校の生徒は，表層的な意味での進路は明確だが，本質的な意味での進路は，依然，不明確なままであり，定まっていない可能性が示されたことになる．大学進学という高卒後の進路は決まっても，結局のところ，それは単なる進路決定の遅延行為でしかないのだ．そのため，先述した西村（2006）の研究で報告されている推薦入試で入学した進路多様校の生徒の不慣れな学生生活は，進路決定の遅延行為を進学理由としていることが原因の一端であり，その結果，大学中退，もしくは大学卒業後の進路がフリーターやニート，未決定になりやすいおそれも十分考えられる．推薦入試は進路未定の高校生を，ひとまず大学に送り出す機能をいくらかもつといえそうだ．

　さいごに，本章の分析において残された課題を述べておこう．先ほど述べたとおり，推薦入試を利用する進路多様校の大学進学者は，その後，大学中退しやすいのか，大学卒業後，不安定な進路をたどる傾向にあるのかを追跡的な調査などによって検討する必要がある．そうした検討が可能となれば，高大接続問題から大学中退，大卒就職の問題へとつながる体系的な知見を得る一助となるだろう．

　また，本章は推薦入試を一括りにして用いたが，その多様性を考慮すれば，

公募推薦・AO入試・指定校推薦・附属校推薦など個々に分類し，検討する必要がある．特に，附属校推薦は，私立高校にしかない推薦入試であると同時に，公立高校の生徒にくらべ，出身階層の高い私立高校の生徒（西丸 2014）にしか利用できない．推薦入試が私立大学を中心におこなわれていることをふまえれば，こうした推薦入試に出身階層が何らかのかたちで影響していることが予測される．

　先述したとおり，近年，入試方法の多様化をもたらした推薦入試は無視できない規模となっている．高校生の進路選択を検討する際，これまであまり直接的に用いられてこなかった大学進学における入試方法の視点は，今後，さらに重要となりそうだ．

　　注
　1）こうしたことは，中村（2011: 174）の研究でも示されている．
　2）調査対象が大学受験前の高校2年生であるため，調査票における質問は，「一般入試・推薦入試・AO入試・指定校推薦・附属校からの進学・その他」の選択肢を設け，利用予定の入試を多重回答させている．本章は，一般入試のみを利用予定であると回答したものを「一般入試」を利用する生徒，一般入試だけでなくAO入試も利用予定であるなど，複数の入試を利用予定であると回答したもの，もしくは一般入試以外の入試を利用予定であると回答したものをすべて「推薦入試」を利用する生徒とした．
　3）入試方法と各進学理由をクロス集計した結果である．
　4）分析は国立高校の生徒も含む（N＝3）．
　5）より詳しい情報は「平成26年国公立私立大学入学者選抜実施状況」を参照されたい．また，推薦入学者率の時系列は中村（2011: 79）を参照されたい．
　6）本章で用いる各進学理由の関連はあまり高くない．比較的高い関連を示しても「能力・才能を伸ばしたい」と「知識・資格を身につけたい」でファイ係数 ϕ ＝.348，「能力・才能を伸ばしたい」と「教養を身につけたい」で ϕ ＝.307となっている．そのため，ここでは各進学理由を合成せず，そのまま分析に用いることにした．
　7）本章の分析において，出身階層変数は用いないこととした．なぜなら，大学進学を希望する生徒のみを分析対象とし，出身階層と入試方法との関係を検討しても，明確に独立した影響を示さないからだ．入試方法を規定する要因を検討した中村（2011: 139）の分析結果は，出身階層が高いほど推薦入試を避ける傾向を示すものの，学校タイプや高校成績，進学を希望する大学をコントロールすると，そうした傾向は吸収されることを示している．また，出身階層変数

を用いることで生じるサンプルの脱落を避けることも，理由の１つである．

文献

荒井克弘，2011，「高大接続の日本的構造」『高等教育研究』14: 7-19.
香川めい・児玉英靖・相澤真一，2014，『＜高卒当然社会＞の戦後史——誰でも高校に通える社会は維持できるのか』新曜社.
苅谷剛彦・粒来香・長須正明・稲田雅也，1997，「進路未決定の構造——高卒進路未定者の析出メカニズムに関する実証分析」『東京大学大学院教育学研究科紀要』37: 45-76.
中村高康編，2010，『進路選択の過程と構造——高校入学から卒業までの量的・質的アプローチ』ミネルヴァ書房.
中村高康編，2011，『大衆化とメリトクラシー——教育選抜をめぐる試験と推薦のパラドクス』東京大学出版会.
松本康，1992，「高等学校の量的拡大と質的変化」門脇厚司・飯田浩之編『高等学校の社会史——新制高校の＜予期せぬ帰結＞』東信堂，71-115.
水野鉄司，1976，「高校生の進学意識」橋爪貞雄編『学歴偏重とその功罪』第一法規，193-219.
西丸良一，2014，「高校の設置者種別と教育達成——私立高校の生徒の出身階層に注目して」『ソシオロジ』180: 39-55.
西村貴之，2006，「思わぬワンランクアップとしての大学進学」乾彰夫編『18歳の今を生きぬく——高校1年目の選択』青木書店，179-204.
竹内洋，1995，『日本のメリトクラシー——構造と心性』東京大学出版会.
安田雪，2003，『働きたいのに…高校生就職難の社会構造』勁草書房.
吉原惠子，1998，「異なる競争を生み出す入試システム——高校から大学への接続にみるジェンダー分化」『教育社会学研究』62: 43-67.

第 5 章

高校生の職業希望における多次元性
職業志向性の規定要因に着目して

多喜弘文

1 なぜ日本の高校生の職業希望は多次元的なのか

　本章では，高校生が将来つきたいと希望する職業とその背後にある職業志向性の関連を検討する．これまで職業希望にかんする社会学の研究は，主に社会階層論と教育社会学の分野において行われてきた．前者では，出身階層が将来の職業希望に影響し，その職業希望に応じて学校での成功が規定されると考えられてきた（Sewell et al. 1969）．そこでは，職業希望の社会経済的地位における高低，すなわち垂直的側面に焦点があてられている．

　それに対し，後者では職業希望の形成に教育のあり方が及ぼす影響に着目して研究が行われてきた（苅谷 1986; 荒牧 2001; 片瀬 2005）．その中でも，上述した社会階層論の研究とは異なり，職業希望における地位の高低以外の側面に焦点を当てた荒牧草平の研究がある（荒牧 2001）．社会階層論がよって立つ学歴＝地位達成志向を前提とすれば，学力の高い生徒は高地位の職業を目指し，そうではない生徒は諦念とともに「分相応な」職業を希望すると想定される．しかし，荒牧は日本の高校生の職業希望が必ずしもそのような職業志向性に支えられていないことを示し，彼ら／彼女らの職業希望を理解する上で，「職業を通じて何らかの専門性や技能を発揮できること」を重視する自己実現志向を考慮する必要性を明らかにした．

　この荒牧の知見の妥当性は，有田伸にも確認されている（有田 2002）．有田

は日本と韓国の高校生における職業希望と職業志向性の比較を行い，その結果について以下のように述べる．韓国でも日本と同様に地位達成志向と自己実現志向という 2 種類の職業志向性が存在する．しかし，韓国では地位の高くない職業を希望する生徒の地位達成志向と自己実現志向はどちらも低くなっている．つまり，韓国の高校生における 2 種類の職業志向性の高低は，希望する職業の地位という 1 次元に回収されるのである．これに対し，日本の高校生の職業希望と職業志向性の対応関係は，韓国のそれよりも「多次元的」である．たとえば，専門・技術職を目指す高校生の自己実現志向は高いが，地位達成志向は他の職業を希望する生徒よりも低い．他方，同じホワイトカラー職である事務職を希望する生徒の自己実現志向は低く，そのかわりに地位達成志向が高くなっている．このように，日本では希望する職業の社会経済的地位と 2 つの職業志向性の高低が必ずしも対応しないのである．

　それでは，なぜ日本の高校生の職業希望は学歴＝地位達成志向モデルでうまく捉えることができないのか．その理由を多喜弘文は日本の高校生が埋め込まれた特殊な制度的文脈に求める（多喜　近刊）．日本の高校生の就職は，学校が企業と生徒のマッチングを媒介する独特の仕組みによって行われる（苅谷 1991）．この「学校経由」の就職の下では，生徒は高校に届いた求人票の中から就職先を選ぶことになる．したがって，そこでの就職は，内在的な動機に基づいた職種の選択というよりも，外在的に提示された選択肢の中から「より良い」職業を目指すものになる．これと同様に大卒就職の場合も，新卒一括採用や「職務のない雇用契約」（濱口 2009）といった制度慣行の存在により，理系分野などの例外を除いて職種を明確に意識しないことが多い．他方，短大や専門学校の場合，生徒は進学時に目指す職種の選択を迫られるため，仕事の内容に関する意識を明確にする必要性が生じる．このように，日本の高校生における職業希望と職業志向性の多次元的な対応関係を考えるには，荒牧（2001）が述べるような希望職種の違いだけではなく，進路ごとに埋め込まれた制度的コンテクストの違いにも着目するべきであるというのが多喜の主張である．

　しかしながら，この結論には実証研究として不十分な点が残る．そこでは職業志向性，職業希望，進路希望を潜在クラスモデルに同時投入することで，荒牧と多喜の両仮説と矛盾しない分析結果が得られることが示されている．だが，

日本の高校生の職業希望が多次元的である理由を説明するためには，2つの仮説の相互の影響を同時に考慮することで，どちらの仮説がより妥当であるのかを検討する必要がある．また，性別や学校トラックといった関連要因の影響についても統制しなくてはならない．

そこで本章では，日本の高校生にみられる職業希望と職業志向性の特殊な関連構造をあらためて問題として設定し，多変量解析によってその背景要因をより精緻に検討したい．具体的には，まず地位達成志向と自己実現志向という2つの職業志向性の背後にある回答の構造を潜在クラス分析によって類型化する．2つの職業志向性のうち，どちらか片方だけを重視するような非一貫的な意識の潜在クラスが析出されるというのが，先行研究から導き出される予測である．次に，そこで得られた潜在クラスを従属変数とした多項ロジット分析によって，職業志向性のあり方が職業希望と進路希望によってどのように規定されるのかを検討する．希望する職種の性質によって職業志向性が決まるのであれば荒牧が述べるように職業希望が，進路が埋め込まれている制度的基盤に職業志向性が規定されるのであれば多喜が主張するように進路希望がそれぞれ独立変数として影響力を示すはずである．以上の分析を通じて，学歴＝地位達成志向モデルが当てはまらない日本の高校生の多次元的な職業希望に，より具体的で明確な説明を与えることが本章の最終的な狙いである．

2 使用変数と分析の手順

本章で用いる主要な変数は，職業希望，進路希望，2つの職業志向性である．職業希望は，後の表5-1に示す9つの選択肢の中から1つ選んでもらった回答を用いる[1]．次に，進路希望については，「高校まで」「専門学校まで」「短大まで」「大学まで」「大学院まで」という5つの選択肢に対する回答を，「高卒就職」「短大・専門学校進学」「大学・大学院進学」の3カテゴリにまとめて使用する[2]．最後に，職業志向性は地位達成志向[3]と自己実現志向を構成すると想定される複数の項目を使用する．具体的には，将来の職業に対する意識を尋ねた質問のうち，前者は「有名な会社であること」「給料がよいこと」「残業が少ない・休日が多いこと」「安定している・倒産しないこと」の4項目，後者

は「才能が生かせること・伸ばせること」「自分の夢を叶えられること」「社会の役に立つこと」「人と直接関わる職業であること」「技術や専門的な知識を生かせる職業であること」の5項目に対し，それぞれ重視する度合いを「重視する」「やや重視する」「あまり重視しない」「重視しない」の4段階で尋ねたものを用いる．潜在クラス分析で用いる際は，4段階の回答を「重視する」と「重視しない」の2段階にまとめて使用する．その他に，性別と学校タイプ（普通科A，普通科B，普通科C，専門学科の4カテゴリ）の2変数を多変量解析時のコントロール変数として投入する．

　分析の手順は以下の通りである．まず，次節で主要変数の回答分布と変数間の基本的な関連を確認する．そのあと，第4節で，上述の職業志向性に関わる9つの変数の背後にある回答の構造を潜在クラス分析によって析出する．すでに述べた通り，先行研究の知見をふまえるならば，地位達成志向と自己実現志向という2つの職業志向性にかんしてどちらかのみを重視するような潜在クラスが析出されることが予想される．次に，そこで析出された職業志向性の潜在クラスが，職業希望と進路希望にどのように影響されているかを多項ロジットモデルで検討する．荒牧が述べるように，希望する職業の特性に応じて職業志向性が形成されるならば，希望する職業の種類がクラスの識別に対して効果をもつはずである（モデル1）．具体的には，たとえば事務職や管理職を希望する生徒では地位達成のみを重視する傾向がみられ，専門・技術職を目指す生徒には自己実現のみを重視する傾向がみられることが予測される．他方，多喜が述べるように，高校生が埋め込まれている進路が職業志向性の回答パターンを左右しているならば，進路希望が潜在クラスの違いに対して効果を示すはずである（モデル2）．内在的な動機に基づき職種を選択する契機が少ない高卒就職や大学進学希望者には，地位達成のみを重視する傾向がみられ，職種を強く意識させる進学先である専門学校や短大を志望する生徒には自己実現のみを重視する傾向がみられることがここでの予測である．これらに加えて，最後に両方の変数を投入した分析を行う（モデル3）．ここでは，モデル1やモデル2からの係数の変化を通じて，日本の高校生の職業希望形成にかんするより具体的なメカニズムを検討する．

　以上の分析結果をふまえた上で，最後に第5節では，本章が明らかにした知

見とその限界を明らかにするとともに，今後の課題を示すことにしたい．

3 職業希望と職業志向性にかんする基礎分析

まずは，本章で用いる主要変数の分布を確認しておきたい．表 5-1 は，職業希望と職業志向性（9 変数）にかんする質問項目の回答を示したものである（進路希望については第 2 章で示されているので省略）．

表 5-1 高校生の職業希望と職業志向性

	回答割合（%）		重視割合（%）
職業希望（N=1022）		地位達成志向	
専門・技術職	50.4	有名な会社（N=1052）	50.8
管理職	2.7	給料がよいこと（N=1059）	91.4
事務職	15.5	残業少ない・休日多い（N=1056）	68.3
販売職	5.1	安定・倒産しない（N=1060）	92.8
サービス職	9.1	自己実現志向	
生産現場・技能職	10.4	才能が生かせる（N=1057）	85.9
保安職	3.0	自分の夢（N=1056）	83.9
運輸職	0.7	社会の役に立つ（N=1058）	72.4
その他	3.2	人と直接関わる（N=1052）	45.8
合計	100.0	技術や専門的な知識（N=1058）	71.0

高校生が将来つきたいと希望する職業については，専門・技術職の回答割合がもっとも多く，全体で 50.4％ と半数を超えていることがわかる．実際になれるかどうかはともかくとして，現代高校生の約半分は何らかの専門職につきたいと考えているのである．次に回答割合が多いのが，公務員や会社員的な働き方をイメージしていることが多いと思われる事務職で 15.5％ となっている．その他に，製品製造・組立や自動車整備などを含む生産現場・技能職（10.4％）や美容・理容師などを含むサービス職（9.1％）も以前から一定の人気を集める職業分類である．こうした回答傾向は，過去におこなわれたさまざまな調査の結果ともおおむね一致するものだといえる（荒牧 2001; 片瀬 2005; 相澤 2008）．なお，この後の分析は，回答者が少ない「運輸職」と内容が特定できない「その他」を除外しておこなう．

次に表 5-1 右側の職業志向性に目を移すと，重視すると答えた生徒割合がど

の質問項目でもかなり高いことがわかる．その中でも「給料がよいこと」と「安定・倒産しない」の2項目は重視割合が高く，9割以上の生徒が重視すると答えている．多喜（近刊）は97年と2011年の高校生調査の比較により，近年の安定志向の高まりを確認しているが，ここでの結果もそのような傾向を反映しているのかもしれない．他方，「有名な会社」や「人と直接関わること」は約半分の生徒が重視しないと回答しており，人によって価値観が分かれる項目となっている．

続いて，2つの職業志向性に関する質問項目をそれぞれまとめた合計得点を職業希望および進路希望ごとに図示したものが図5-1である．ここでの地位達成重視度と自己実現重視度は，重視すると答えた選択肢の数を合計した上で標準得点化したものとなっている．したがって，数値が正であれば平均よりも重視度が高く，数値が負であれば平均よりも重視度が低いことを意味する．

図5-1左側の職業希望をみると，管理職，事務職，販売職および生産現場・

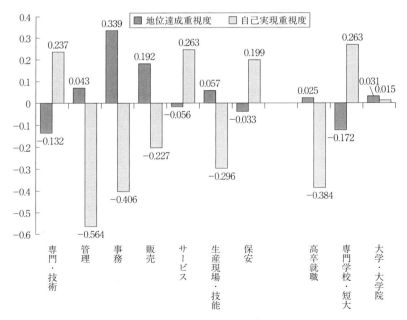

図5-1　職業希望・進路希望ごとの地位達成重視度・自己実現重視度

技能職希望者において地位達成重視度が高く自己実現重視度が低くなっていることがわかる．特に，会社員的な働き方をイメージさせる事務職の地位達成重視度の高さと自己実現重視度の低さは際立っている．他方，専門・技術職，サービス職，保安職希望者はこの逆のパターンを示しており，地位達成重視度が低いかわりに自己実現重視度は高くなっている．図の右側は進路希望ごとの職業志向性を示している．就職希望者は職業を通じた自己実現を重視する度合いが低い．短大・専門学校志望者は地位達成を重視していないが，自己実現を重視している．大学・大学院への進学を希望する生徒の職業志向性には明確な特徴がみられない．これは，大学進学希望者の中に会社員的な職業を希望する生徒と高度な専門職になりたいと考える2種類の生徒が混在することによるのかもしれない（多喜 近刊）．

図5-1の職業志向性と職業希望および進路希望との関連はいずれも有意であり，荒牧や多喜が示した結果とも大体において一致している[4]．地位の高い職業を希望するほど，もしくは教育年数の長い進路を希望するほど両方の職業志向性が高くなるというような学歴＝地位達成志向モデルが想定する対応関係はやはり日本の高校生にはみられない．むしろ，どちらかの職業志向性の重視度が高ければ，もう片方が低くなるというようなトレードオフの関係が見受けられる．希望する職業的地位や学校段階が低くなるほど，生徒が両方の職業志向性を諦めるというかたちになっていないことは，日本の高校生の職業希望をめぐる価値観が多次元的であることを示す1つの証拠であるといえるだろう．

4　職業志向性の類型とその規定要因

前節では，2つの職業志向性と職業希望および進路希望との関連を検討した．しかし，本章で検討したいのは，地位達成と自己実現それぞれの重視度ではなく，2つの職業志向性に対する回答パターンとその規定要因である．学歴＝地位達成志向モデルは，2つの職業志向性の回答パターンが一致することを想定している．それに対し，日本の先行研究は2種類の職業志向性の不一致に着目してきた．本節ではまず前節にて取り上げた9つの職業志向性項目の背景にある回答パターンを潜在クラス分析によって析出した上で，その潜在クラスを識

別するのに有効な変数を多項ロジットモデルによって検討する．

(1) 職業志向性の潜在クラス分析

潜在クラス分析をおこなうためには，まず職業志向性にかんする回答傾向を無理なく要約するためにいくつのクラスのモデルが適合的であるかを検討する必要がある．検討の結果，9つの変数に対する回答を3つのクラスで要約できることが確認された[5]．その結果をふまえて，抽出された3クラスの潜在クラスの構成割合および応答確率を示したものが表5-2である．

表5-2 職業志向性の潜在クラス分析（数値はすべて％）

	地位重視型	自己実現重視型	両方重視型	全体
潜在クラスの割合	18.7	16.1	65.3	
地位達成変数				
有名な会社	34.9	10.5	65.0	50.6
給料がよいこと	90.5	59.5	99.9	91.6
残業少ない・休日多い	66.8	27.1	78.2	67.9
安定・倒産しない	86.8	76.0	99.1	93.1
自己実現変数				
才能が生かせる	47.3	91.6	95.5	85.9
自分の夢	35.3	96.0	94.6	83.7
社会の役に立つ	21.2	75.1	86.6	72.5
人と直接関わる	9.9	44.4	56.4	45.8
技術や専門的な知識	27.3	87.7	79.8	71.3

それぞれの変数への応答確率から，2種類の職業志向性のうち片方を重視するクラスが2つと両方を重視するクラスが1つ析出されたことがわかる．3つのクラスは，左から順に「地位重視型」「自己実現重視型」「両方重視型」と名付けることができる．「地位重視型」クラスは，「有名な会社」に対する応答確率はやや低いものの，他の3変数への応答確率が高く，自己実現関連の変数に対する応答確率が低くなっている．このクラスとは逆に，地位達成関連の変数に対する応答確率が低く，自己実現関連の変数への応答確率が高くなっているのが真ん中の「自己実現重視型」クラスである．最後の「両方重視型クラス」は，地位達成と自己実現のどちらも重視する回答パターンを示す潜在クラスである．各クラスの構成割合は，左から順に18.7％，16.1％，65.3％となっており，

「両方重視型」がもっとも多い．予想通り，どちらかのみを重視する「地位重視型」と「自己実現重視型」の職業志向性をもつ生徒がそれぞれ一定規模存在することが明らかにされた．

(2) 多項ロジット潜在クラス回帰モデル

以下では，この3つの潜在クラスを分ける要因がどのような条件にあるのかを探ることで，高校生の職業希望のあり方を明らかにしていく．表5-3は，潜在クラス多項ロジットモデルの結果を示したものである[6]．潜在クラスの基準カテゴリは「両方重視型」に設定されており，表ではその基準カテゴリと「地位重視型」および「自己実現重視型」を識別する上で変数がもつ効果が示されている．表の上部が「両方重視型」と「地位重視型」，表の下部が「両方重視型」と「自己実現重視型」をそれぞれ比較したものとなっている．

最初にコントロール変数の効果をみていこう．表上部より，「両方重視型」と「地位重視型」を比較すると，男性は後者に分類されやすいが，モデル3ではその効果が有意ではなくなっていることが読み取れる．職業を通じた自己実現よりも地位達成のみを優先する価値観は男性の性別役割イメージとも合致する．しかし，この職業志向性の男女差はモデル3で消失していることから，性別の効果は将来にかんする希望を媒介したものであると想定できる．性別のみを独立変数として投入したときの効果と比較すると（表からは省略），モデル1での効果の減少がモデル2よりも大きいことから，とりわけ希望する職業の違いがこの男女差を生み出していると考えられる．もう1つのコントロール変数である学校タイプはどのモデルでも効果をもっておらず，職業志向性の回答パターンに影響を及ぼしていない．また，表下部の「両方重視型」と「自己実現重視型」の比較における性別の効果も有意ではない．

以上を確認した上で，希望する職業を投入したモデル1から順に効果をみていこう．事務職希望者を基準にすると，専門・技術職，サービス職，保安職希望者は「両方重視型」と比べて「地位重視型」に少ない．この結果を逆に読むと，事務職や管理職および販売職などの会社員的な職種を希望する生徒は，自己実現は重視せず地位達成のみを重視する職業志向性をもつ傾向にあるということである．これは，職務のない雇用契約と呼ばれる日本の企業の雇用慣行と

表 5-3　多項ロジット潜在クラス回帰モデル

地位重視型クラス （vs 両方重視型クラス）	モデル1		モデル2		モデル3	
	係数	標準誤差	係数	標準誤差	係数	標準誤差
切片	−1.149 **	0.286	−0.883 **	0.312	−0.447	0.360
性別（0=女性，1=男性）	0.358 +	0.211	0.366 *	0.196	0.307	0.214
学校タイプ（基準：普通科C）						
普通科A	−0.457	0.307	−0.465	0.320	−0.476	0.327
普通科B	0.314	0.274	0.231	0.281	0.283	0.288
専門学科	0.367	0.275	0.108	0.295	0.040	0.307
進路希望（基準：高卒就職）						
専門学校・短大進学			−1.563 **	0.371	−1.357 **	0.391
大学・大学院進学			−0.822 **	0.289	−0.776 *	0.315
職業希望（基準：事務職希望）						
専門・技術職希望	−1.028 **	0.253			−0.798 **	0.262
管理職希望	0.371	0.480			0.522	0.485
販売職希望	0.000	0.401			0.014	0.406
サービス職希望	−0.736 +	0.390			−0.522	0.404
生産現場・技能職希望	−0.221	0.329			−0.258	0.335
保安職希望	−2.318 *	1.045			−2.468 *	1.052
自己実現重視型クラス （vs 両方重視型クラス）	モデル1		モデル2		モデル3	
	係数	標準誤差	係数	標準誤差	係数	標準誤差
切片	−2.057 **	0.380	−2.314 **	0.444	−2.742 **	0.534
性別（0=女性，1=男性）	−0.158	0.210	−0.221	0.201	−0.165	0.213
学校タイプ（基準：普通科C）						
普通科A	−0.226	0.274	−0.327	0.291	−0.347	0.296
普通科B	−0.235	0.277	−0.277	0.287	−0.322	0.290
専門学科	0.088	0.279	0.270	0.286	0.231	0.288
進路希望（基準：高卒就職）						
専門学校・短大進学			0.938 *	0.436	0.673	0.455
大学・大学院進学			1.113 **	0.430	0.887 *	0.443
職業希望（基準：事務職希望）						
専門・技術職希望	0.943 **	0.354			0.845 *	0.359
管理職希望	0.351	0.828			0.230	0.829
販売職希望	0.187	0.631			0.214	0.632
サービス職希望	0.493	0.472			0.493	0.483
生産現場・技能職希望	0.349	0.505			0.451	0.508
保安職希望	0.552	0.642			0.638	0.646
疑似決定係数（Nagerkerke）	0.098		0.078		0.124	
度数			880			

注：** $p<.01$，* $p<.05$，+$p<.10$．

も合致する（濱口 2009）．また，表の下部からは，専門・技術職を希望する生徒が「両方重視型」よりも「自己実現重視型」に多いことがわかる．この結果は，社会経済的地位の高い職種である専門職を希望する生徒が，地位達成を重

視せず自己実現のみを意識するというねじれを示しており興味深い．

次にモデル2における進路希望の効果としては，高卒就職との比較において，専門学校・短大進学が－1.563，大学・大学院進学が－0.822の有意な負の効果を示している．この結果は，これらの教育機関への進学希望者が「両方重視型」と比べて「地位重視型」に少ないことをあらわしている．同様に，表の下部でも専門学校・短大進学と大学・大学院進学の係数が0.938と1.113の有意な正の効果を示している．これらの進路を希望する生徒は「両方重視型」よりも「自己実現重視型」に多いということである．高卒就職者が地位達成だけを重視しやすい，もしくは職業を通じた自己実現への志向から疎外されていると解釈した方がよいかもしれない．これは，「学校経由」の就職が生徒本人のやりたいことよりもマッチングや公平性を重視する制度であることと整合的である．

最後に進路希望と職業希望を同時に投入した結果を示したのがモデル3である．モデル1やモデル2で示された結果と比較すると，以下の2点において変化がみられる．1つは「両方重視型」を基準に「地位重視型」と比較すると，サービス職の負の効果が消失していることである．事務職希望者と比べてサービス職希望者が地位重視型になりにくいのは，短期高等教育機関である短大や専門学校への進学希望者が多いことによるのかもしれない．もしくは，専門・技術職希望の効果も減少していることと合わせて考えると，これらの職業希望を抱く生徒に高卒就職希望者が少ないことがもたらした結果であると判断することも可能である．もう1点の変化は表の下部において専門学校・短大進学の正の効果が消失していることである．どちらの教育機関への進学を希望する生徒にも専門・技術職希望者が多い．短期高等教育機関への進学を目指すことそれ自体ではなく，専門・技術職を目指す生徒の割合が多いことが，短大や専門学校志望者が高卒就職者と比べて自己実現のみを重要視する職業志向性をもっている理由であることが示唆された．なお，表下部において大学・大学院進学の効果はモデル3でも有意である．これは，同じ職業を目指していても，地位達成の見込みを特別に気にしなくてもよい大学・大学院進学者の「余裕」のようなものかもしれない．

以上のように，進路希望と職業希望を同時に投入することによる変化は一部

みられたものの，モデル3において職業希望と進路希望はいずれも有意な効果を残している．これはすなわち，日本の高校生の職業希望が多次元的である理由が，職業自体の性質と進路が埋め込まれている制度的文脈の双方に求められるということである．より具体的には，専門・技術職を目指す生徒の地位達成志向が弱く自己実現志向が強いことと，高卒就職を希望する生徒の自己実現志向が弱く地位達成志向が強いことが，日本の高校生の職業希望における多次元性のとくに重要な要因となっていることが明らかにされた．

5　多次元的な職業希望を生み出す制度的文脈

本章では，日本の高校生が抱く職業希望が学歴＝地位達成志向モデルでうまく説明できないことの背景要因を探ってきた．分析の結果，先行研究が述べる通り，地位達成志向と自己実現志向の片方だけを重視する生徒が一定規模で存在することが示された．また，そのような職業志向性を抱いているかどうかと職業希望や進路希望が解釈可能な形で結びついていることが明らかにされた．

職業希望としては，事務職を中心とした会社員的な職種を希望する生徒と専門・技術職を目指す生徒の間に明確な対比がみられた．職務が不明確なまま雇用契約を結ぶいわゆる日本的な雇用慣行の存在が，やりたいことを重視せずに経済的な条件や安定のみを望む意識を会社員にもたらす土壌となっている可能性がある．これを逆からみると，そうした日本的雇用慣行が適用される領域の対極にある専門・技術職につくことを希望する生徒は，地位達成は重視せずに自己実現に重きをおく価値観を抱いているということでもある．社会経済的な地位の高い専門・技術職を希望する生徒が，地位達成と自己実現の両方を目指すのではなく後者のみを重視するところに，職業希望と職業志向性の関連のねじれが生じているのである．

もう一方の進路希望については，高卒就職を希望する生徒が，他の進路を希望する生徒に比べて地位達成のみを重視する価値観を抱きやすく，自己実現を職業に求めない傾向が確認された．日本の高校から職業への移行の仕組みには，生徒を守る側面と職業選択の自由を制限する側面がある（Okano 1993）．分析結果からも明らかなように，高卒就職を希望する生徒は職業を通じた自己実現

への内在的動機から疎外されている．だが，この仕組みが職業的レリヴァンスの低い状況における安定的雇用を可能にするとともに，雇用の質を維持する機能を果たしてきたこともまた事実である．このような「場」の崩壊は日本の若者の労働をめぐるさまざまな局面に影響を及ぼし得る（ブリントン 2008）．本章の分析結果から明らかにされたように，「学校経由」の就職が日本の高校生における職業希望の多次元性をもたらす要因の1つであったわけであるから，その縮小が日本における職業希望の多次元性を今後後退させていくことも考えられる．

また，先行研究では，学力において上位にあるとはいえない専門学校進学希望者の自己実現志向の高さが，ノン・メリトクラティックな価値観への「再加熱」として説明されていた（長尾 2009）．同じことの表裏であるが，本章での分析結果をふまえるならば，短期高等教育機関を目指すこと自体がこの傾向をもたらしているというよりも，専門職との結びつきが強く，会社員的な職種との関連が極めて薄い進路を目指すことがこのような傾向を生じさせていると考えることができる．なお，職業希望をコントロールしたうえで，自己実現のみを重視する傾向が大学・大学院進学希望者にみられるのは，大学・大学院進学希望者が社会経済的条件を一定程度確保できると予測する傾向を示しているのかもしれないが，この点を本章の分析結果から解釈することは難しい．大学の難易度や進学分野の違い，大学と短期高等教育機関が結びつきやすい希望職を区分することによって，より詳細に検討する余地がある．

最後に本章における限界と今後の課題を述べておきたい．分析で扱った地位達成志向は，安定的な雇用や労働条件を望む意識に関する変数を含む合成変数であった．近年，高校生の間に安定を望む意識が広がっていることが指摘されているが（多喜 近刊），より積極的な地位達成を望む意識のみを扱った場合に，ここでの分析結果と同様の知見が得られるかどうかには検討の余地がある．また，本章は地位達成志向と自己実現志向のズレが日本の特徴であることを前提に議論を進めてきた．しかし，海外との比較で職業希望と職業志向性の関連の日本的特徴を実証的に示した研究は，管見の限り有田（2002）以外に存在しない．韓国以外の国との比較をおこなうことで，何が日本の特徴といえるのかをさらに検討していく余地があるといえるだろう．

注
1）ただし，「その他」を選択した106人に関しては，自由記述方式で尋ねた回答を用いて可能な限り再コードをおこなっている．この作業の結果，73人の回答が「その他」以外のカテゴリに割り振られた．
2）このようなカテゴリの統合をおこなうのは，「短大まで」と「大学院まで」を選択した人数が少ないことにより，多項ロジット分析において推定結果が不安定になるのを避けるためである．事前の分析から，これらの進路希望カテゴリにおける職業志向性と職業希望の回答傾向がいずれも似通っていることは確認している．多喜（近刊）も，1997年時点では職業志向性が異なっていた「専門学校まで」と「短大まで」の職業志向性や職業希望が，2011年では似たものになっていることを明らかにしている．
3）荒牧や多喜は，データ分析をおこなう際に「社会経済条件志向」という変数名を用いている．確かに，本章が用いる変数の中にも厳密には地位達成志向と呼び難いものが混ざっていると考えることもできる．しかし本章では，残業が少なく安定した仕事につくことなども広義の地位達成であると考え，地位達成志向という用語を使用する．
4）職業希望の回答カテゴリごとの地位達成志向および自己実現志向のF値は4.859（1％水準で有意）と14.773（1％水準で有意），進路希望ごとの2つの職業志向性のF値はそれぞれ2.966（10％水準で有意），17.288（1％水準で有意）であった．
5）尤度比カイ二乗値を基準とした場合に，モデルが棄却されない最小のクラス数が3であった．潜在クラスモデルを適用する際にはLEM（Vermunt 1997）を用いて推定をおこなった．潜在クラス分析の考え方を紹介した文献として三輪哲（2009）や藤原翔他（2012），LEMを用いた分析方法の解説には都村聞人他（2008）などがある．
6）表5-3は，表5-2の潜在クラス分析によって個人の各クラスに対する応答確率を求めた後，その確率がもっとも高いクラスを個人の所属クラスとして割り当てたうえで，その所属クラスを従属変数として多項ロジットモデルをおこなう3段階モデルと呼ばれる方法で推定している．

文献
相澤真一，2008，「日本人の『なりたかった職業』の形成要因とその行方——JGSS-2006データの分析から」大阪商業大学比較地域研究所・東京大学社会科学研究所『研究論文集[7] JGSSで見た日本人の意識と行動』，81-92．
荒牧草平，2001，「高校生にとっての職業希望」尾嶋史章編『現代高校生の計量社会学——進路・生活・世代』ミネルヴァ書房，81-106．
有田伸，2002，「職業希望と職業的志向性」中村高康・藤田武志・有田伸編『学歴・選抜・学校の比較社会学——教育からみる日本と韓国』東洋館出版社，

175-93.

ブリントン，メアリー，2008,『失われた場を探して――ロストジェネレーションの社会学』NTT 出版．

藤原翔・伊藤理史・谷岡謙，2012,「潜在クラス分析を用いた計量社会学的アプローチ――地位の非一貫性，格差意識，権威主義的伝統主義を例に」『年報人間科学』33: 43-68.

濱口桂一郎，2009,『新しい労働社会――雇用システムの再構築へ』岩波書店．

片瀬一男，2005,『夢の行方――高校生の教育・職業アスピレーションの変容』東北大学出版会．

苅谷剛彦，1986,「閉ざされた将来像――教育選抜の可視性と中学生の『自己選抜』」『教育社会学研究』41: 95-109.

苅谷剛彦，1991,『学校・職業・選抜の社会学――高卒就職の日本的メカニズム』東京大学出版会．

三輪哲，2009,「潜在クラスモデル入門」『理論と方法』24(2): 345-56.

長尾由希子，2009,「専門学校への進学希望にみるノン・メリトクラティックな進路形成」Benesse 教育研究開発センター『研究所報』49: 109-25.

Okano, Kaori, 1993, *School to Work Transition in Japan: An Ethnographic Study*, Clevendon.

Sewell, W. H., A. O. Haller and A. Portes, 1969, "The Educational and Early Occupational Attainment Process," *American Sociological Review*, 34(1): 82-92.

多喜弘文，近刊,「職業希望形成の制度的基盤」尾嶋史章・荒牧草平編『高校生の進路と生活―― 30 年の軌跡』(仮題).

都村聞人・岩井紀子・保田時男・宍戸邦章，2008,「JGSS-2005 を用いた通信機器利用の潜在クラスモデル――統計分析セミナーにおける適用例」大阪商業大学比較地域研究所・東京大学社会科学研究所編『JGSS でみた日本人の意識と行動』7: 233-49.

Vermunt, Jeroen K., 1997, *LEM: A General Program for the Analysis of Categorical Data*.

第 Ⅱ 部

高校生の進路選択と家族・ジェンダー

第 6 章

進学希望意識はどこで育まれるのか
母子間における接触と意見の一致/不一致に着目して

中澤　渉

1　社会化の場と意識形成

　一般的には，私たちがこの世に生を受け最初に育つ場は家庭，ということになる．そして家庭での養育，しつけの主たる担い手は親であり，近代以降は性別役割分業が進行したことで母親役割が強調されることになる．こうした初期の社会化は，主として基礎的なパーソナリティの獲得や学習に焦点があてられ，社会学的には一次的社会化とよばれる．しかし子どもは成長すると学校に通うようになり，家族以外の他者とも触れ合う機会が増加する．親は子にとって所与の条件であり，選択することはできないが，成長するに従い自らの進路を自分で切り拓き選択する場面も増えてくる．こうして社会化の過程はより複雑になる．一方的な学習だけではなく，時には反発や批判も喚起し，本人の価値観や行動に変容をもたらすこともある．このようにして，二次的社会化という新たな局面が出現する（渡辺 2014）．

　社会階層研究において，親子間の職業階層，学歴に関連性があることはほぼ常識である．問題はなぜそうなるのか，ということである．すぐに想起できるのは，一次的社会化を行う家族や家庭の影響である．教育に（授業料のみではなく，進学に伴い放棄する所得のような機会費用を含む）金銭的コストがかかれば，経済格差によって進学機会の不平等が生じることは容易に想像できる．しかし社会学は，家庭の経済水準が同等であっても生じる進学/非進学の不平等（格

差）を問題にしてきた．その説明の1つとして，いわゆる文化資本の有無に原因を求めるものがある（たとえば DiMaggio 1982）．しかしラロー（Lareau, A.）やウェイニンガー（Weininger, E.W.）によれば，文化資本をハイブロウ（highbrow）な知識や親しみ（接触）と読み替えてその有無を確かめるような実証研究は，文化資本の概念を提唱したブルデュー（Bourdieu, P.）の理論に合致するものではないという（Lareau and Weininger 2003）．ハビトゥスや慣習行動といった概念は，単純にハイブロウな文化の有無に還元されるわけではない．ラローらは，もっと日常的かつ継続的な，親から子への働きかけ（養育態度）の違いに着目すべきだと唱えたのである（Lareau 2002）．

　家庭の日常的な養育態度の違いが，二次的社会化の場である学校の適応にも差を生じさせる．学校に通うようになれば，子どもが主として過ごす場は家庭から学校へと移行し，教師，友人，先輩後輩などとも接触することになる．学校は表向き，特定の社会グループに属さず中立的な価値のもとで運営されることを標榜しており，家庭の社会化機能の相対的地位は低下するはずである．代わって共に学ぶ児童・生徒とのピア効果，そして教師の働きかけに注目が集まるようになる．学校文化・生徒文化研究やトラッキングの社会化効果をめぐる教育社会学の研究群は，こうしたコンテクストのもとで理解できるだろう（Pallas et al. 1994; Gamoran 1986）．

　本書が対象とする高校生は，既に一定の自我が確立し，親よりも友人など，家庭より学校において意識や価値観が形成されることが多い時期かもしれない．しかし後述するように，母子間の進学希望意識はかなりの程度一致する．高校生ともなれば，親から子への一方的な働きかけだけではなく，親が子の自主性を重んじたり，親が子の意志を追認するなどして，子から親という働きかけも重要性を増すようになるだろう．本章ではいかなる特徴をもった母子関係において，より進路意識の不一致が顕在化しやすいのかを探ることにしたい．

2　進路意識をめぐるこれまでの知見と課題

(1) 親子関係と進路意識の形成

近代化とは，いわば一次的社会化と二次的社会化の断絶，と捉えることも可

能である．つまり職住分離の進んでいない近代以前の共同体では，生活の場で生きる術を学習しながら成長し，またそれが仕事へとつながっていった．これを社会への「参加的社会化」とよぶならば，近代以降の社会化は「予期的社会化」が強調されることとなる（渡辺 1997）．つまり私事化の流れで家族が閉鎖的な空間となり，学校という教育機関は制度化され，社会と隔絶された学習の場となる．私たちはそうした学校を通じて自らの進路を実現できるように，適性を見極めつつふさわしい道を選択してゆく．ただし「階層と教育」にかんする研究では，一次的社会化の説明が強調されてきた傾向がある（渡辺 2014）．

　たとえば本田由紀は，質問紙調査における主成分分析から，母親の子育ての態度を，厳しくしつけ熱心に教育する「きっちり型」と，子の自主性を尊重しさまざまな体験をさせようとする「のびのび型」に分類した．いずれも階層の高い家庭（母親）が重視する傾向があるが，とくに「きっちり型」は階層による違いが顕在化しやすく，若い母親ほど重視する傾向がある．つまりいわゆる受験競争批判に見られる「教育ママ」は，社会的にはかなり一部の層に限定されるという（本田 2008: 165-174）．また親子データを検討した卯月由佳によれば，小・中学生における将来の大学進学希望は，親の学歴が高いほど成績がよく，成績がよければ進学期待が高まるという経路を経て形成されているという．親学歴と進学期待は単相関があるが，成績を統制（同等の成績で比較）すると親学歴と進学期待の関連が消える．つまり母親の態度や意識と学歴に関連がないとはいえないが，態度や意識は可塑性をもつので，子の成績によって親の期待が変わり得る．つまり過去に取得した親学歴よりも，子の成績の影響で変化しうる態度や意識の影響力がより強く残るのだろうと推測している（卯月 2003）．

　また進路意識の男女差にかんする指摘も多い．片瀬一男は 1980 年代の高校生と親のペアデータに基づき，全般的に教育期待は男子生徒の親が女子生徒の親より高いこと，また親子の希望意識のズレ（不一致）は進路多様校や専門学科で生じやすいことを指摘した（片瀬 2005: 55-77）．また松田茂樹・裵智恵によれば，日本も韓国も親の教育期待や関与には男女差があり，教育期待や財政的支援は男の子に対して多くなされる一方，親の関与（コミュニケーション）は女の子に対してなされる傾向があることを見出した（松田・裵 2013）．

　一方で，親子間で進路選好に関連があるにせよ，それを親の価値志向が直接

子に伝達されたとする説明は成立しにくいという（荒牧 2014）．やや古い研究だが，子が親の進学期待を正確に認識していれば当然親子間の教育希望の一致度は高まるものの，意識の一致は必ずしも親子間のコミュニケーションが濃密だから促進されるわけでもない（Smith 1982）．子が成長すれば接する人間の数も増えるから，家庭以外の影響が増し親子間でズレが生じることがあっても不思議ではない．しかし必ずしも事態はそうなっているともいえない．青少年は大半の時間を学校で過ごすわけだが，ここで高校と階層（家庭），教育アスピレーション（進学期待）の関係についてより深く検討する必要が生じるのである．

(2) 社会化の場としての学校

学校組織がアスピレーションや成績に及ぼす影響については，トラッキング研究の文脈から理解されてきた（Rosenbaum 1975; Heyns 1974）．トラッキングとは陸上のトラックと同じで，道筋を意味する．学校における学業成績によるコース分けやクラス分けは，本来効率的な授業の実施などの機能的な意味しかもたないが，そうしたコース分けが（ルール上制限されているわけではないのに）その後の進路選択に影響を及ぼしてしまうのをトラッキングの効果という（藤田 1980）．トラッキングの社会化は，トラック間の教授法の違い，トラック内部での生徒の置かれている成績の位置づけやトラックそのものの雰囲気，そして「進学コース」「就職コース」のようなトラックの分類（とその名称）がもつ社会的イメージの影響を受けるものとして説明される（Pallas et al. 1994; Gamoran 1986）．アメリカでは地域の高校に通うのが原則であり，トラッキングの分化は学校内で行われるため，流動性や選択の幅が大きい．日本はアメリカと異なり，高校入試が存在する．それにより入試難易度と学科に基づく学校のランキングが形成され，この学校の階層構造が後の進路を制約する．つまり日本のトラッキングは学校間の違いを強調した高校ランクや学校タイプを意味し，高校間の生徒文化の違いが成績や進路意識にどう影響するかという研究が積み重ねられてきたのである（LeTendre et al. 2003; 尾嶋編 2002; 樋田他編 2000）．

これらの生徒文化研究が共通して指摘しているのは，入学する学校タイプと出身階層との関連である．高校ランクが形成されていると，その高校の卒業後

の見通しを立てやすい．つまり入学前からも，生徒がその高校に進学した場合の将来イメージを形成しやすい．さらに一旦高校に入学したらほとんど学校間の移動ができないので，学校内社会化の効果は強まるだろう．つまり高卒後の進学率が高まる現在，進学校の生徒はほぼ大学進学という進路しか考えられず，進学の有無という決定の場面を高校卒業時に迫られるのは，進路多様校や専門学科の生徒に限られる（片瀬 2005）．ただし時系列のデータがない限り，高校ランクによる進学希望の違いは，トラッキング自体の効果なのか，自らの中学校時の成績に基づき高卒後の進路を予想して高校選択をした選別の結果に過ぎないのかを区別するのは困難である．そして中学校の成績や高校入試での選択自体も階層と関連するので，ここで再び家庭の影響という問題が浮上する．データの制約からこの錯綜するメカニズムを完全に解明できないが，高校に関する情報を盛り込みつつ，それまでの母子のコミュニケーション形態や，母親の態度を同時に検討することで，少しでも進学希望の一致／不一致の要因に迫ることを試みたい．

3 母子関係のあり方の潜在構造

(1) 潜在クラス分析

本章で用いる分析手法は，潜在クラス分析である．第2章と第5章でも扱われているが，潜在クラス分析は質的な変数を安易に数値化せず，質問項目の質的な情報を維持しつつ，観察される回答パターンから隠れた潜在変数を見出す手法である．考え方は因子分析に似ているが，因子分析は原則連続変数に適用される．また因子分析で注目するのは複数の変数間の相関関係で，相関関係の情報から連続量をなす潜在変数を抽出する．個人はその一次元的な潜在変数の中の，どこかに位置づけられると解釈される．一方潜在クラス分析は，導き出された潜在変数を「クラス」というかたちでカテゴライズするため，個人がそのクラスのどこに所属するか，またそもそもそのクラスをいくつに分類するのが最も簡潔かつ的確なものになるのか，ということが関心の対象となる（藤原・伊藤・谷岡 2012; Collins and Lanza 2010: 6-8）．

つまり母子の意識や過去の母子関係という観察された変数により潜在クラス

を抽出することは，最も単純な母子関係の類型をデータから導き，どの程度の母子ペアがそれぞれの類型に所属するかを推計することを意味する．そして導き出された潜在クラスは質的変数とみなせるため，この潜在クラスを従属変数として性，階層，学校タイプなどの共変量を考慮すれば，事実上多項ロジットモデルを推定しているのと同じことになり，各潜在クラスの特徴をより深く明らかにすることができるはずである（藤原・伊藤・谷岡 2012; Yamaguchi 2000）．

以上の問題に照らせば，潜在クラスで用いられる変数のカテゴリーは単純なものがよい．カテゴリーが細かいとゼロセルが頻出し推定が困難になる他，そもそも潜在変数の単純構造を発見したいという目的に抵触することになる．したがって潜在クラスのクラス数を1つずつ増やしたとき，尤度比カイ二乗値が有意に改善されなくなったモデル，もしくはベイズ情報量規準（BIC）が最小になるモデルをもとに，総合的に判断して最適なモデルを採用する[1]．

(2) 変数の処理

本章で使用する変数は，高校生本人の教育期待と高校に関する情報以外，すべて母親票から得ている．まず高校生本人と母親の希望する高卒後の進路，すなわち教育期待については，「就職」「専門学校・短大」「大学・大学院」という3カテゴリーに分類する．この変数は本章の分析の中心をなすものであり，無回答者は分析から除外した．

母子間のコミュニケーションについては，「（本人が小学生のときに母が）本を読んであげた」「（本人が中学生のときに）進路のことについて相談に乗る」という2つの変数を用いる．回答は頻度によって5段階に分けられているが，「いつもしていた」「よくしていた」を該当者，「時々していた」「あまりしていなかった」「まったくしていなかった」を非該当者とし，無回答者は非該当者に含めた[2]．子が小学生のときの関与については，勉強をみてあげたとか，文化的活動への参加など5つの変数がある．それらはお互いの相関が高いが，潜在クラス分析を行った際には，「本を読んであげた」という項目がクラスの分離に最も有効な変数であった[3]．中学生の時の関与は，母親が相談に乗ったか否かを「学校生活」「学校外生活」「進路」の3点について尋ねているが，これらは更に互いの相関が高いので，進路意識が従属変数であることを鑑み，進路

についての相談の項目を利用することにした．

　母親の高校の授業に対する意見については，「高校では専門性が身につくような授業をしてほしい」「高校では受験勉強に特化した授業をしてほしい」という2つの項目に着目する．これも選択肢は5段階になっているが，「そう思う」「ややそう思う」を「そう思う」としてまとめ，「どちらともいえない」「あまりそう思わない」「そう思わない」を「そう思わない」としてまとめた．無回答者の扱いは，上のコミュニケーションに関する変数と同様，「そう思わない」に含めた．ここでは母親が子に「手に職」を身につけることを望むのか，進学を望むのか，という価値観が暗に反映されていると考えられる．

　以上が潜在クラス分析で用いられる6つの顕在変数である．つまりこの6つの顕在変数の背景には，何らかの回答パターン（潜在クラス）が存在すると考えるのである．そしてその潜在クラスに属する人々の中身を推定するとき，説明変数として，高校生の性別，高校生の親学歴，世帯収入（年収），本の数，学校タイプを考慮する．このうち，親学歴は父母両方について検討し，それぞれ2つのカテゴリーに変換した．ただし男女間の高等教育進学のあり方の違い（女性は短大が多い）を考慮し，父は「大学以上か否か」，母は「短大以上か否か」に置き換えている．無回答者は欠損値とせず，低い学歴カテゴリーに含めた．

　世帯収入については分布を見た上で「25万円未満〜500万円くらい（450〜600万円）」「700万円くらい（600〜850万円）」「900万円くらい（850〜950万円）〜それ以上」の3カテゴリーにした．無回答は「700万円くらい」に含めた．本の数は「0〜100冊」と「101冊以上」の2値とし，無回答者は前者に含めた．

　最後に学校タイプだが，本調査では通学する高校名を尋ねており，それに基づき関塾が発行している「全国高校・中学偏差値総覧（2007年版）」の高校の偏差値を割り振った．そして専門学科（総合学科を含む）と普通科に二分し，普通科は分布がほぼ同じになるように偏差値下位校と上位校に分け，前者を「普通科Ⅱ」，後者を「普通科Ⅰ」とよぶこととする．芸術系学科や体育学科は専門学科に含める（本書末尾の付録を参照）．性別と学校タイプの割り当てが不可能な者は分析から除外した．最終的に分析対象者は928組の母子ペアとなる．

4 母子関係の特徴と背景

(1) 変数の分布と階層との関連

　従属変数をなす潜在クラスの元の変数の分布は，表6-1最右列を参照されたい．教育期待に着目すると，現在は少子化により入試難易度も低下していること，高卒後直ちに就職する生徒は全国レベルでの統計でも2割を切っているという状況を反映してか，母子とも約7割が大学以上を希望している．母子間の分布に大差ないことから想像できるように，両者の希望の一致度は高く，不一致なのは94名で10.1%に過ぎない[4]．

表6-1　潜在クラス分析の結果（数値はNの実数値以外すべて%）

	クラス1	クラス2	クラス3	クラス4	クラス5	記述統計	
						分布(%)	N(実数)
潜在クラスの割合(%)	35.0	34.1	14.4	11.2	5.4		
本人・就職希望	1.7	.0	87.6	1.1	19.3	14.3	133
本人・専門短大希望	.1	.0	12.4	96.0	60.9	16.3	151
本人・大学以上希望	96.9	100.0	.0	2.9	19.9	69.4	644
母・就職希望	1.8	.3	85.1	.0	11.7	13.6	126
母・専門短大希望	2.6	.4	6.4	96.2	60.4	16.0	148
母・大学以上希望	95.7	99.2	8.5	3.8	27.9	70.5	654
母が小学時に本を読んであげた	30.9	45.6	24.8	38.0	12.8	34.9	324
母が小学時に本を読んであげなかった	69.1	54.4	75.8	62.0	87.2	65.1	604
母子で中学時に進路相談した	.0	97.7	46.6	70.2	50.8	51.0	473
母子で中学時に進路相談しなかった	100.0	2.3	53.4	29.8	49.2	49.0	455
母・高校は専門性重視→そう思う	33.4	33.2	84.2	75.2	20.4	44.6	414
母・高校は専門性重視→そう思わない	66.6	66.8	15.8	24.8	79.6	55.4	514
母・高校は受験特化→そう思う	58.8	64.2	31.4	47.9	.0	52.4	486
母・高校は受験特化→そう思わない	41.2	35.8	68.6	52.1	100.0	47.6	442

注1：調査データより筆者がフリーソフトlemを用いて算出．
　2：N=928．

　なお結果は省略するが，母親と子のコミュニケーション度に関する変数（本を読んであげた，進路について相談に乗った）と階層変数とのクロス表を作成すると，「本を読んであげた」と「母学歴」もしくは「本の数」以外，有意な関連はない．学校タイプについては「本を読んであげた」のみ関連がある．小学生時代の子に本を読んであげたか否かは若干階層による差がありそうだが，中学時の進路相談の有無にはほとんど階層や学校タイプとの差はない．進路相談

第6章　進学希望意識はどこで育まれるのか

の頻度で有意な差があるのは性別で，女子の方が相談に乗ったという該当者が多くなる．これは先に触れた松田・裵（2013）と整合的で，母親と女子高校生が同性であることから自然な結果とも思われる．一般的に男子の方が自立的な判断を求められる傾向が強いとか，女子の方が出産育児などのライフイベントで就業に影響を受けることが多く，女性のライフコースは多様かつ複雑になりがちだから，年長の母親の助言を得たいという判断も働きやすいのだろう．

なお母子の進路相談有無と母子の進路希望の一致度の関連をみると，女子生徒の場合は相談したと回答している人ほど一致性が強まる傾向があるものの，男子生徒は全く関連がない．また高卒後の進路希望と相談頻度の関係については目立った関連はみられない．階層が高いほど母子間のコミュニケーションがあるとか，接触があると一致性が強まると考えがちだが，中学生はある程度本人の自立性も強まる時期でもあるから，放任という意味ではなく，親が子の自主的な判断を尊重して相談しなかった，という家庭も珍しくないだろう．また日本の学校のテスト文化は，自らの成績の位置をより明瞭に認識させやすく，また高校入試では学校の成績が非常に重視される現状もある（LeTendre et al. 2003）．したがって成績をもとに「妥当な」進路を選択する，という傾向が母子ともに強くあれば，さほど相談する必要性はなくなるのかもしれない．そうしたさまざまな要因が，階層との関連をみえにくくしていることも予想できる．

(2) 母子関係の潜在クラス

先の表6-1の記述統計の列を除いた部分が，潜在クラスの構成割合と各クラスの応答確率である．詳細は省略するが，結果的に5つの潜在クラスをもつモデルが最も単純かつ適合的だと判断した[5]．その中の4クラスが母子間で進路希望が一致しており，残り1つが進路希望不一致のクラスと解釈できる．

大学以上を母子で一致して希望するクラスは2つあり，上位2クラスを占め，これで全母子ペアの7割程度になる．この2つの違いは母子間のコミュニケーションのあり方である．クラス1のほうが母子間のコミュニケーション頻度が薄く，とくに中学時代の進路相談で顕著な差となって現れる．つまり母子とも大学進学希望が強いグループは，中学時の進路相談の有無に着目すると，全く対照的な態度をとるペアがほぼ同じくらい存在する．

一方，クラス3は就職希望で母子一致，クラス4は専門学校・短大で母子一致のグループだが，大学進学希望のようなクラスの分化はない．大学進学を念頭に置いていないため，当然ではあるがいずれも高校での専門教育を望んでいる傾向がある．母親が小学生時代に本を読んでくれたという変数は，クラス4ではクラス1より多い割合となっている．また中学時代の進路相談の割合も高い．クラス3での進路相談の頻度は拮抗している．進路相談は性で関連があったこと，クラス4は専門短大で一致していることを考えると，特に短大志望は女子に偏るので，子のサンプルは女子生徒が多いのではないかと推測できる．だとすると，クラス2も女子の割合が高いのかもしれない．

クラス5は母子で専門・短大が6割と多いが，他のクラスの分布を考えるとここで母子の不一致が観察されるとみてよさそうである．進路相談の頻度は半々で拮抗しているが，注目されるのは小学校時代に母親が本を読んであげたという割合が最も低いクラスであること，母親の高校に対する授業への期待が専門性でも受験でも低くなっている．過剰な解釈は慎まなければいけないが，母親の放任的で子の進路や教育に無関心な態度が読み取れるかもしれない．

(3) 各潜在クラスを構成する生徒・母親の特徴

さて潜在クラスを従属変数，性別，階層変数，学校タイプを説明変数とする多項ロジットモデルを推定する．その結果が表6-2である．ただし多項ロジットモデルは，従属変数の基準となるカテゴリー（基準クラス）における各説明変数のオッズと，他のクラスにおける説明変数のオッズとの比をみているので，直感的な結果の解釈が難しくなることがある．ただしその多項ロジットモデルから，説明変数の各カテゴリーに，それぞれのクラスにおける母子ペアの応答確率を推定することができるので，その結果を表6-3に示す[6]．表6-3の最右列は，それぞれの変数の記述統計量（全体の所属％）を示す．

大学進学希望で母子が一致するクラス1と2は母学歴以外の階層変数や学校タイプに有意な分布の差はない．予想通りクラス2は女子の割合が多いが，有意になっているのはクラス1との対比であり，クラス2の男女比はある程度拮抗しているともいえる．母学歴はクラス2が最も高く，母子間のコミュニケーション頻度は母学歴による違いが大きい．つまり高校生が女子で，母が高等教

第6章 進学希望意識はどこで育まれるのか

表6-2 潜在クラス多項ロジットモデルの推定結果

基準はクラス1	クラス2 係数	クラス2 標準誤差	クラス3 係数	クラス3 標準誤差	クラス4 係数	クラス4 標準誤差	クラス5 係数	クラス5 標準誤差
性別（基準：女子）								
男子	−.588	.164 **	−.216	.294	−2.089	.368 **	−.794	.512
父学歴（基準：中・高・専門短大）								
四年制大・大学院	−.034	.180	−.735	.344 *	−.257	.362	.138	.656
母学歴（基準：中・高・専門卒）								
短大・四年制大・大学院	.428	.173 *	−.687	.338 *	−.571	.362	−.869	.563
収入（基準：世帯年収600万円まで）								
600〜850万円	−.073	.209	−.603	.317 +	−.398	.323	−.409	.473
850万円以上	−.112	.212	−1.648	.464 **	−.847	.408 *	−.124	.503
本の数（基準：100冊以下）								
101冊以上	−.037	.180	−.616	.390	−.370	.348	−.589	.535
学校タイプ（基準：専門学科）								
普通科Ⅱ	.185	.310	−2.478	.341 **	−1.102	.345 **	−.052	.589
普通科Ⅰ	.181	.299	−5.143	.747 **	−3.947	.573 **	-----	-----

注1：調査データより筆者がフリーソフト lem を用いて算出．
　2：N=928．
　3：+p <.10, *p <.05, **p <.01．

表6-3 潜在クラス多項ロジットモデルから推定された各クラス構成割合

変数	カテゴリー	各クラスにおける割合(%) クラス1	クラス2	クラス3	クラス4	クラス5	記述統計 分布(%)	N(実数)
性別	男子	59.6	45.7	60.3	17.0	41.8	48.9	454
	女子	40.4	54.3	39.7	83.1	58.2	55.1	474
父学歴	中・高・専門短大	44.5	43.1	81.4	70.6	61.7	53.3	495
	四大・大学院	55.5	56.9	18.6	29.4	38.3	46.7	433
母学歴	中・高・専門	52.8	43.9	82.1	76.3	77.1	58.2	540
	短大・四大・大学院	47.2	56.1	17.9	23.7	22.9	41.8	388
収入	〜599万	29.1	29.7	65.6	51.4	43.5	37.9	352
	600〜849万	34.2	33.7	26.0	33.1	30.8	32.5	302
	850万〜	36.7	36.6	8.4	15.6	25.7	29.5	274
本の数	〜100冊	68.5	68.5	86.2	81.8	83.9	73.5	682
	101冊〜	31.5	31.5	13.8	18.2	16.1	26.5	246
学校タイプ	専門学科	10.1	8.1	76.2	41.7	23.8	23.2	215
	普通科Ⅱ	34.0	34.4	22.1	53.9	76.2	37.5	348
	普通科Ⅰ	56.0	57.6	1.7	4.4	.0	39.3	365

注1：調査データより筆者がフリーソフト lem を用いて算出．
　2：N=928．

育以上では母子間の接触が強く，大学進学以上の希望で一致するという関連が見出せるが，一方で男子が多数派を占めるクラス1のような存在が，母子の接触頻度と進学期待との関連をみえにくくしているのではないかと考えられる．

クラス3と4はクラス1と2に対して進学希望に差が現れているので，当然

階層や学校タイプの違いは大きくなる．クラス4は予想通り，専門・短大志望が多いことを反映して8割以上を女子生徒が占める．クラス3は他のクラスに比して有意に収入が低く，専門学科の高校生が多い．この結果から，高校トラックによる社会化効果により母子とも高卒就職を希望するようになったという解釈することは，必ずしも適切ではないだろう．クラス3の収入の分布をみると，進学の余裕がないため就職のために「手に職」を身につけることのできる専門学科を当初から選択し，また母親も高校にそうした専門性を期待している，という可能性も否定できないからである．

　さて母子間の不一致ケースが多く含まれていると考えられるクラス5だが，親学歴や収入はちょうど中間レベルにあり，本の数はクラス1や2に近い．女子生徒がやや多いとはいえ，大きく偏っているわけではない．特徴的なのは学校タイプで，普通科Ⅱに多く，普通科Ⅰの生徒は存在しない．このあたりは片瀬（2005）とも一致する．つまりクラス5の階層変数の分布にクラス3や4との差はほとんどないが，母子の接触や母親の志向性に違いがありそうである．小学校時代の母子接触が少なく，母親が特に高校の授業に求めるものもない．このときもし中学校の成績が悪いと，普通科Ⅱのような進路多様校に進学しやすくなり，専門学科のように卒業後のプランがはっきりみえないので親子間の進路意識の不一致が起こりやすいということであろう．クラス5は全体としての割合が高いわけではないが，進学率が高まる中でのいわゆる進路多様校における進路指導の難しさの一端が現れているといえよう．

5　母子間の進路意識——一致・不一致の背景

　母子の高卒後の進路希望の一致度は一般的に高いといえるが，1割程度の不一致が観察され，その多くは普通科Ⅱに分類される進路多様校に通学している．階層変数をみると高卒就職，専門・短大希望で一致する母子ペアと大差ないが，小学校時代に母子接触の頻度が薄かったり，母親が高校の授業に対し無関心とも取れる態度をとっていると，母子間で不一致となる可能性が高まる．高校の学校タイプは事実上中学校以前の成績に規定されるが，多くの先行研究が出身階層と成績の関連を指摘している．したがって階層が成績に影響し，それが高

校選択に影響を与え，それが事実上高卒後の進路意識を規定しているといえる．ただし普通科の進路多様校では，必ずしも進学はままならず，かといって学校のカリキュラムは何かの専門性に特化しているわけではない．そもそも目的意識が明確でなかったり，進路選択を先延ばしするために普通科を選んだのかもしれない．ややトートロジカルだが，進路多様校だから卒業後のモデルケースを想定しにくく，それが母子間の進路イメージを抱くことを困難にさせ，進路意識の不一致をもたらしている可能性もある．

一方，大学進学希望で母子間が一致していても，母子のコミュニケーションがあるケースとないケースが半々程度存在する．「大学進学を希望するか否か」という点では，母子のコミュニケーション変数よりは，古典的な階層変数（学歴や収入など）の規定力の方が強いといえる．ただし母子の接触の多いグループは若干女子生徒や，母親が高等教育を修了しているケースが多いという傾向は観察された．大学進学を希望する場合に，母子間のコミュニケーションをとっている場合もあれば，（おそらく）子の自主性に任せているというケースも存在するということだろう．そもそも大学進学希望で母子一致するグループの半数以上は入試偏差値の相対的に高い普通科Ⅰに属しており，相談するまでもなく進学は当然だ，という意識を母子ともにもっていてもおかしくない．

本章での進学希望意識は，あくまで学校段階という「縦の学歴」についてのものである．今や高卒就職が少数派なので，その意味では母子間で一致するのも不思議はないのかもしれない．進路意識といっても，（進学する場合に）どの学校なのか，何を専門とするのか，という「横の学歴」については，ここまで母子間の一致性が高いわけではない[7]．ただし高等教育を修了すれば職に就くわけなので，たとえば親が専門職や経営者であれば，それを意識した専門を子が選択する傾向が強い，というようなことはあるかもしれない（第3章も参照）．

本章の分析は，あくまで回答の分布からみた関連性を指摘しているに過ぎず，因果関係を明らかにしたわけではないことには注意を要する．小中学校時代の母子コミュニケーションの変数も，回顧法で主観的な評価に基づくものであり，分析の指標としては粗いといえる．こうした限界はあるが，母子の進路意識のあり方，そしてそれと階層変数や母子コミュニケーションとの関連性を理解する上で，新たな情報やヒントは提供できたのではないだろうか．

注
1) 実際には尤度比カイ二乗値（G^2）の減量に基づく尤度比検定（今回はクラスが1つ増えるごとに自由度が9減っているので，5％水準で16.919以上のG^2の減少があれば有意に改善されたと見なせる）と，BICで最小値をとるモデルを選択する場合で，異なるモデルが選ばれてしまうことも多い（Collins and Lanza, 2010: 81-89；三輪 2009）．この場合は中身をみながら，分析者がより意味のあると考えるモデルを総合的に判断するしかない．実際の手続きは注5を参照．また局所解の問題が発生しやすいので，何度も繰り返して計算プログラムを実行することも重要である（三輪 2009）．
2) この変数については，無回答14人（1.5％程度）である．他の母子コミュニケーション，母の意識や関与に関する変数も概ね同程度の無回答率であった．ただし安定した結果を導くためには，サンプルサイズが大きい方がよい．Yamaguchi（2000）では2値に置き換えた時に，多い方のカテゴリーに含める処置をとっているが，本章では無回答者を積極的にその項目を肯定していないとみなして非該当に含めた．もっとも無回答者の数はあまり多くないことや，このような処理を行うことで大きく結果を損ねることがないことは確認している．
3) それぞれの潜在クラスにおいて，ある顕在変数の所属確率が非常に高い，もしくは低い，ということが推計されれば，クラス内の均一性（homogeneity）は増し，クラス間の分類にも有効な変数ということになる（Collins and Lanza 2010: 58-65）．「本を読んであげる」の変数は特定のクラスでは該当9割以上，別のクラスでは該当1割以下というように，クラスの分離に最も有効な機能を果たしていた．それで分類に有効と考えて，小学生時代の母子関係はこの変数に着目した．
4) 対象サンプルは完全には一致しないが，母子間の進路意識のクロス表は第2章の表2-1を参照．
5) 参考までに，4クラス→5クラス→6クラスのG^2，自由度（df），BICの値の推移を示すと，4クラスではG^2=135.949，df=108，BIC=-602.019，5クラスではG^2=114.177，df=99，BIC=-562.293，6クラスではG^2=95.148，df=90，BIC=-519.825となる．BICでは4クラスが最適だが，尤度比検定では6クラスまで有意に改善されていることになる．しかし6クラスのBICは4クラス，5クラスよりかなり大きい．また自由度が大きいとG^2はカイ二乗分布をなさず，p値は小さくなりモデルの適合度の判断基準として使えない（Collins and Lanza 2010: 82-83, 97-99）とされるが，今回は4クラスまでp値が5％を下回り（.035），5クラスを超えると5％を上回る（5クラスで.141）ので，モデルは母集団に対して適合的である．以上から総合的に判断して，5クラスモデルを採択した．
6) こうして共変量を考慮すると，クラスの構成割合は表6-1とは若干ずれる．ただしクラス全体の構造や大まかな比率は安定していることを確認している．

7）専門分野については（専門分野の分類の仕方によって多少数値に変動はありうるが），7割程度が一致しており，一致の度合いは母息子関係より，母娘関係の方が強い．

文献

荒牧草平，2014，『教育達成過程における階層差の生成——親の教育的地位志向による進路選択の直接的な制約』大阪大学大学院人間科学研究科博士学位論文．

Collins, Linda M. and Stephanie T. Lanza, 2010, *Latent Class and Latent Transition Analysis: With Applications in the Social, Behavioral, and Health Sciences*. Hoboken, NJ: John Wiley & Sons.

DiMaggio, Paul, 1982, "Cultural Capital and School Success," *American Sociological Review*, 47: 189-201.

藤原翔・伊藤理史・谷岡謙，2012，「潜在クラス分析を用いた計量社会学的アプローチ——地位の非一貫性，格差意識，権威主義的伝統主義を例に」『年報人間科学』33: 43-68.

藤田英典，1980，「進路選択のメカニズム」山村健・天野郁夫編『青年期の進路選択——高学歴時代の自立の条件』有斐閣，105-29.

Gamoran, Adam, 1986, "Instructional and Institutional Effects of Ability Grouping," *Sociology of Education*, 59(4): 185-98.

Heyns, Barbara, 1974, "Social Selection and Stratification within Schools," *American Journal of Sociology*, 79(6): 1434-51.

樋田大二郎・耳塚寛明・岩木秀夫・苅谷剛彦編，2000，『高校生文化と進路形成の変容』学事出版．

本田由紀，2008，『「家庭教育」の隘路——子育てに強迫される母親たち』勁草書房．

片瀬一男，2005，『夢の行方——高校生の教育・職業アスピレーションの変容』東北大学出版会．

Lareau, Annette, 2002, "Invisible Inequality: Social Class and Childrearing in Black Families and White Families," *American Sociological Review*, 67(5): 747-76.

Lareau, Annette and Elliot B. Weininger, 2003, "Cultural Capital in Educational Research: A Critical Assessment," *Theory and Society*, 32(5/6): 567-606.

LeTendre, Gerald K., Barbara K. Hofer and Hidetada Shimizu, 2003, "What is Tracking? Cultural Expectations in the United States, Germany, and Japan," *American Educational Research Journal*, 40(1): 43-89.

松田茂樹・裴智恵，2013，「家族ぐるみの学歴競争——家庭環境に左右される進学意欲」渡辺秀樹・金鉉哲・松田茂樹・竹ノ下弘久編『勉強と居場所——学

校と家族の日韓比較』勁草書房, 72-98.

三輪哲, 2009, 「潜在クラスモデル入門」『理論と方法』24(2): 345-356.

尾嶋史章編, 2002, 『現代高校生の計量社会学——進路・生活・世代』ミネルヴァ書房.

Pallas, Aaron M., Doris R. Entwisle, Karl L. Alexander, and M. Francis Stluka, 1994, "Ability-Group Effects: Instructional, Social, or Institutional?" *Sociology of Education*, 67: 27-46.

Rosenbaum, James E., 1975, "The Stratification of Socialization Process," *American Sociological Review*, 40(1): 48-54.

Smith, Thomas Ewin, 1982, "The Case for Parental Transmission of Educational Goals: The Importance of Accurate Offspring Perceptions," *Journal of Marriage and Family*, 44(3): 661-74.

卯月由佳, 2004, 「小・中学生の努力と目標——社会的選抜以前の親の影響力」本田由紀編『女性の就業と親子関係——母親たちの階層戦略』勁草書房, 114-131.

渡辺秀樹, 1997, 「社会化とフェミニズム」『教育社会学研究』61: 25-37.

渡辺秀樹, 2014, 「一次的社会化から二次的社会化へ——家族を越えて」渡辺秀樹・竹ノ下弘久編『越境する家族社会学』学文社, 87-104.

Yamaguchi, Kazuo, 2000, "Multinomial Logit Latent-Class Regression Models: An Analysis of the Predictors of Gender-Role Attitudes among Japanese Women," *American Journal of Sociology*, 105(6): 1702-40.

第 7 章

海外に憧れる高校生はだれか
ジェンダーの視点から

髙松里江

1　若者の海外志向

(1) 海外志向の動機

　本章の目的は，高校生の海外志向を規定する要因として，性別およびジェンダー平等意識の影響を検討することである．

　日本経済が国際的にも豊かになった1980年代ごろから，海外志向をもつ若者は珍しくなくなってきた．ここで，海外志向を海外で就学したり就業したりしたい意識と定義する．1980年代以降，経済環境や渡航制度の変化を背景に，海外へ移住することはかつてほど難しいものではなくなってきた．若者にとって，いまや海外に留学したり海外で就業したりすることは，人生における選択肢の1つとなっている（加藤 2009; Kelsky 2001; 松原 1988）[1]．

　このような若者の海外志向は，しばしば海外への「憧れ」が動機となっていることが指摘されている（Takahashi 2013; 加藤 2009; Bailey 2006, 2007; Kelsky 2001）．日本国内外の日本人大学生を対象に行ったインターネット調査によると（British Council 2014），日本人大学生は，「言語習得のため」という理由に次いで，「海外に行きたい」という理由で留学したいと回答している．また，留学先を選択した理由としては，「そこに住んでみたい」という理由がもっとも多い．海外に移住した若者に対するインタビューにおいても同様に，しばしば「海外に憧れたから」「海外に行ってみたかったから」という動機が語られ

る（加藤 2009; Kelsky 2001）．このように，「海外に行ってみたい」，「住んでみたい」という憧れそれ自体が，海外志向の主要な動機となっていることが読み取れる．

そして，憧れの対象となる「海外」とは，多くの場合アメリカ風の社会を指してきたといわれる．当然ながら，一言に「海外」と表現してもその社会，文化，言語は千差万別である．だが，若者が「海外に行きたい」というときに暗黙にイメージしているのは，白人が多く，英語でコミュニケーションをとる[2]，アメリカ風の社会が多い（Takahashi 2013; 加藤 2009; Bailey 2006, 2007; Kelsky 2001）[3]．また，このような社会には，文化的に高い価値が付与されやすい．これらの特徴をまとめると，若者の典型的な海外志向とは，文化的価値の高いアメリカ風の社会での生活を経験すること，そのために必要な英語を修得すること，また，その社会を象徴する白人と対等にコミュニケーションをとることへの憧れにもとづいているといえるだろう（加藤 2009; Kelsky 2001）．

このように，日本人の若者にとって，海外とは憧れの存在であり，憧れにもとづいて海外志向が形成されてきた．

(2) 海外志向とジェンダー

それでは，海外への憧れとは何を意味するのだろうか．この憧れという意識は，実現可能性には必ずしもとらわれない希望が反映したものと理解される（Kelsky 2001）．また，憧れには，それを抱く人が社会の中でどのような状況に置かれているかが反映することから，海外への憧れをみれば，若者に「出て行きたい」（加藤 2009: 6）と思わせる日本社会の構造が明らかになるという．

この日本社会の構造を分析する上で，多くの研究において，ジェンダーの視点が取り入れられてきた（Takahashi 2013; Bailey 2006, 2007; Kelsky 2001 など）．その比較的単純な理由としては，海外への憧れは，男性よりも女性で観察されることが多いことがあげられる．たとえば，海外の大学に留学している女性は，男性の2倍にものぼる（日本学生支援機構 2014）．また，留学以外の理由も含めた在留者数でも，近年では男性より女性のほうが多い（佐々井・石井 2008）．このような渡航者の絶対数の違いもあり，女性は海外志向について調査の対象となりやすかった（加藤 2009; Kelsky 2001）．

そして，女性が海外への憧れを抱きやすい理由を理解する上で，日本社会におけるジェンダーの構造が注目されてきた（Takahashi 2013; Bailey 2006, 2007; Kelsky 2001 など）．1980年代以降，日本では法的な整備も進んだものの，女性が働くための職場環境は成熟しているとはいいがたい．男女雇用機会均等法の施行以降も，結局のところ，女性は，結婚して仕事を辞めることを前提とする制度の中に置かれることになった（奥山 2009; 小笠原 1998）．その中で，少なくない女性は結婚して仕事を辞めることを望んできたし（小笠原 1998），結婚というきっかけがなくても，海外への移住などによって価値の感じられない仕事を辞めることを望んできた（加藤 2009）．

この構造は個人の意識のレベルではジェンダー平等意識によって海外への憧れが形成されるものと考えられてきた（Kelsky 2001）．日本では夫は家事を一切しないことも珍しくないが，海外では夫も家事を行うものとイメージされる（Kelsky 2001）．また，日本では女性はやりがいのある仕事は任されにくいが，海外では英語を使ってやりがいある仕事ができるものとしてイメージされる（Kelsky 2001）．このような，男性の家事や，女性の仕事のあり方についてのイメージとそれらに対する憧れは，より平等な社会を望む意識に支えられているといえるだろう．つまり，ジェンダー平等意識が高いことによって，海外志向が高まっていると理解することができる．

以上のように，先行研究では，ジェンダー平等な社会の生活を望む女性が海外に憧れ，そして，海外志向をもちやすいことが指摘されてきた．

(3) 先行研究の課題

先行研究では，海外志向の規定要因をジェンダーの視点から整理しているが，日本人の若者の一般的な傾向として海外志向の特徴を理解するためには，次のような3つの課題が残されている．

第1の課題は，海外志向の低い者も含めてその規定要因を精査することである．先行研究では，すでに海外に移住した者を主な対象としジェンダー平等意識と海外志向との関連を明らかにしてきた．だが，海外に移住していなくても，また，海外志向をもたなくてもジェンダー平等意識が高い者はいると考えられる．海外志向の高い者と低い者を含めた上で，ジェンダー平等意識と海外志向

との関連を精査することで，若者一般の傾向として理解することができる．

　第2の課題は，女性だけでなく男性の海外志向についても精査することである．先行研究では主に女性が対象となっていたが，海外に留学したり就業したりする男性も当然ながら一定数存在する（加藤 2009）．

　第3の課題は，ジェンダー平等意識と海外志向との関連について，あらためて検証することである．加藤恵津子は，カナダに留学している女性たちのインタビュー調査から，ケルスキー（Kelsky, K.）が指摘するようなジェンダー平等意識（Kelsky 2001）の影響を読み取ることは難しいとする（加藤 2009）．また，時代を通じてジェンダー平等意識は変化しており，近年では若者のジェンダー平等意識が低下しているという指摘があることからも（永瀬・太郎丸 2014），ジェンダー平等意識が海外志向に与える影響については検討の余地があるといえるだろう．

　以上の課題のうち，第1の課題に対しては，海外への留学や就業がまだ行われていないライフステージである，高校2年生を対象とした調査を用いることで対処する．高校2年生は，進路や就職の重要な分岐点と考えることができる．そのため，現実的な選択からはやや離れた意識についての検討となる可能性はあるものの，海外への移住を規定する要因の潜在的な側面に着目するには適切な対象と考えられる．

　そして，第2，第3の課題に対しては，次のリサーチ・クエスチョンを設定し，検討する．

RQ1：男子よりも女子の海外志向が高いのかどうか
RQ2：ジェンダー平等意識が高いほど海外志向が高いのかどうか

　また，これらのリサーチ・クエスチョンを検討する際には，階層要因として高校卒業後の進路希望，職業希望についても考慮する．

2 変数の概要

(1) 変数の説明

本章では，使用する変数すべてに回答した 1,038 ケースを分析に用いる．

まず，従属変数は，海外志向であり，「海外で働く機会のある仕事につきたい」という質問を用いた[4]．「そう思う」「ややそう思う」「どちらともいえない」「あまりそう思わない」「そう思わない」から回答を求め，賛成ほど得点が高くなるように1点から5点を割り当てた．

続いて，独立変数は，性別とジェンダー平等意識である．性別には，女子を1，男子を0とするダミー変数を用いた．ジェンダー平等意識には，「男性も，身の回りのことや炊事をすべきだ」という男性自立意識，「女性が自立した人間として生きるためには，仕事をもつことが最もよい」という女性自立意識の質問を用いた．「賛成」「どちらかといえば賛成」「どちらかといえば反対」「反対」から回答を求め，賛成ほど，すなわち自立意識が高いほど高い得点となるように，1点から4点を割り当てた．なお，ジェンダー平等意識としては，しばしば「男は外で働き，女は家庭を守るべきである」という性別役割分業意識が用いられるが，外で働くこと，家庭を守ることの性別役割は性別との単純な対応関係にないため（Hochschild 1989=1990），男女それぞれについてのジェンダー平等意識を用いた．

最後に，コントロール変数は，高校卒業後の進路希望，職業希望，英語意欲である．高校卒業後の進路希望には，高校（就職），専門学校，大学（短大含む），大学院，未定の5分類を用いた．職業希望には，専門，事務（管理含む）[5]，販売，未定の4分類を用いた．また日本では，海外としてアメリカ風の社会を想定し，海外に行くことを英語を話すことと直接結びつける考え方が広くみられることから（寺沢 2012），コントロール変数には英語意欲も用いた．英語意欲には，「英語の会話や読み書き」を身につけたいスキルとして考えている場合を1，考えていない場合を0とするダミー変数を用いた．

(2) 基礎分析

それでは，海外志向の規定要因についての分析を行う前に，海外志向の分布，性別，ジェンダー平等意識と海外志向の関連，また，ジェンダー平等意識の規定要因を確認しよう．

はじめに，高校生の海外志向の分布を確認すると，海外志向の高い者（「そう思う」＋「ややそう思う」）は，全体で2割強である（表掲載なし）．今回の質問項目は，日本を拠点として海外と関連のある業務を行うというような，海外を生活の拠点としない職業キャリアも含まれるワーディングとなっているが，それでも高校生の海外志向は低く，日本国内だけの職業キャリア形成が望まれている．こんにちの多くの高校生にとって，海外と関連のある業務を行っていくことは，必ずしも憧れの対象とはなっていないようである．

次に，性別，ジェンダー平等意識と海外志向の関連を検討しておこう．男女別に海外志向の平均値をみると，女子では 2.73，男子が 2.55 と，女子のほうが男子より 0.18 ポイント高い（表 7-1，$p<0.05$）．男性自立意識と，女性自立意識の2つのジェンダー平等意識と海外志向の相関係数を算出すると，それぞれ 0.031，0.085 と高い値ではないものの，女性自立意識には有意にプラスの相関がみられる（表 7-2，$p<0.01$）．以上の結果から，女子のほうが男子よりも海外志向が高く，ジェンダー平等意識（女性自立意識）が高いほど海外志向も高いという傾向を読み取ることができる．

最後に，海外志向についての分析で独立変数となる，ジェンダー平等意識の規定要因についても確認しておこう．とくに，もう1つの独立変数である性別との関連について確認するために，男性自立意識，女性自立意識の2つのジェンダー平等意識を従属変数とする重回帰分析を行ったものが，表 7-3 である．男性自立意識，女性自立意識ともに，女子で値が高いことが示されており，女子のほうが性別役割分業には反対であることがわかる．一般に，女性のほうが性別役割分業には反対する意識をもっていることが明らかになっており（佐々木 2012 参照），高校生でも同様の結果がみられたといえる．

その他の変数の影響についても確認しよう．興味深いものとして，女性自立意識への影響では，大学進学希望者と比べて，大学院進学希望者で負の影響がみられ，もっとも高い学歴を希望する者で平等意識が低い傾向がある．これま

表 7-1 性別と海外志向の関連（平均値）

	平均値	標準偏差
男子	2.55	1.23
女子	2.73	1.33

注：$t(1035.0) = -2.242$, $p < 0.05$.

表 7-2 ジェンダー平等意識と海外志向の関連（相関係数）

	海外志向
男性自立意識	.031 n.s.
女性自立意識	.085 **

注：** $p < 0.01$, n.s.:no significant（有意ではない）.

表 7-3 ジェンダー平等意識を従属変数とする重回帰分析

		女性自立意識		男性自立意識	
		B	S.E.	B	S.E.
定数		2.442 **	.093	3.088 **	.079
性別	女子ダミー	.206 **	.046	.259 **	.039
高校卒業後の進路希望	高校（就職）	-.060	.071	-.060	.060
（基準：大学）	専門学校	-.018	.069	-.046	.059
	大学院	-.275 **	.097	.056	.083
	未定	.008	.153	-.175	.131
職業希望（基準：事務）	専門	.041	.071	-.096	.061
	販売	-.222 †	.128	-.076	.110
	ブルー	.088	.092	-.050	.079
	未定	.124 †	.074	-.122 †	.063
修正済み R^2		.032		.039	
AIC		-685.6		-1007.7	

注1：N=1,038.
 2：**：$p < 0.01$, *：$p < 0.05$, †：$p < 0.10$, VIF 診断済み．B は非標準化回帰係数，S.E. は標準誤差を示す．

で高学歴者ほどジェンダー平等意識が高いと考えられてきたため（永瀬・太郎丸 2014），意外な結果といえるだろう．理由を探るために，性別と大学院進学希望者との交互作用項を確認したが，交互作用項は有意な影響をもたず，主効果のみ有意な影響があった．つまり大学院進学希望者では，男女関係なく女性自立意識についてのジェンダー平等意識が低い．また，女性自立意識の低さと，子育てを重視する考え方や，仕事でも家庭でもないもの（教養など）を重視する考え方との関連についても検討したが，統計的に有意な結果はみられず（χ^2

検定，表掲載なし），妥当な理由はみつからなかった．その原因として大学院を進学希望の男子は46名（男子の9.1％），女子は15名（女子の2.8％）と少なく，女性自立意識に偏りがみられた可能性が考えられる．

3　海外志向の規定要因

表7-4　海外志向を従属変数とする重回帰分析

		モデル1		モデル2		モデル3		モデル4	
		B	S.E.	B	S.E.	B	S.E.	B	S.E.
定数		2.370**	.127	1.668**	.250	1.581**	.258	1.549**	.261
性別	女子ダミー	.179*	.080			.112	.082	.006	.078
男性自立意識				.207**	.064	.190**	.065	.100†	.061
女性自立意識				.098†	.055	.089	.056	.106*	.052
高校卒業後の進路希望（基準：大学）	高校（就職）							−.362**	.118
	専門学校							−.270*	.115
	大学院							.080	.160
	未定							−.008	.252
職業希望（基準：事務）	専門							−.119	.117
	販売							−.062	.211
	ブルー							−.168	.152
	未定							.068	.122
英語意欲								.949**	.079
修正済み R^2		.004		.013		.014		.170	
AIC		522.8		514.4		514.5		344.6	

注1：N=1,038.
　2：**：$p<0.01$，*：$p<0.05$，†：$p<0.10$.
　3：VIF診断済み．Bは非標準化回帰係数，S.E.は標準誤差を示す．

では，海外志向を従属変数とする重回帰分析を行い，仮説を検証していこう（表7-4）．まず，海外志向に対する性別の影響（モデル1），ジェンダー平等意識の影響（モデル2）を確認する．そして，性別とジェンダー平等意識を同時に投入したときの双方の影響（モデル3）と，コントロール変数を投入した分析（モデル4）を行う．

まず，モデル1，モデル2から，性別の直接効果と，ジェンダー平等意識（男性自立意識，女性自立意識）の直接効果がそれぞれ確認された．つまり，他の要因をコントロールしない状態では，女性ほど，また，ジェンダー平等意識が高いほど，海外志向が高い．

ただし，性別とジェンダー平等意識を同時に投入したモデル3では，性別の影響が消え，ジェンダー平等意識（男性自立意識）のプラスの影響のみがみられた．さらにコントロール変数を考慮したモデル4でも，性別の影響はなく，ジェンダー平等意識（男性自立意識，女性自立意識）の影響がみられた．変数の追加によって最終的には性別の影響は有意ではなくなるのだが，表7-3と表7-4の分析結果をあわせると，女子は，ジェンダー平等意識（男性自立意識，女性自立意識）が高いために，海外志向が高いという関連が示され，性別は海外志向に対して間接的な影響をもつといえる．先行研究では，女性ではジェンダー平等意識が高く，そのために海外志向が高いとされているが，本章の分析結果とも整合的である．

また，コントロール変数の影響についても確認しておこう．まず，高校卒業後の進路希望では，大学に進学したい者と比べて，高校（就職）までの進学でよいと考えている者や専門学校に進学したい者では，海外志向が低いという影響がみられた．また，英語意欲が高いほど海外志向が高いことが示されている．海外志向と英語意欲との関連は密接であり，勉強することに対して意欲の高い高学歴者で海外志向が高いといえる．1980年代以降，海外への移住は身近にはなっているとはいえ，それらはだれにとっても同じように身近になったというより，学歴という面での階層性を伴ったものであるといえる．

一方，職業希望では有意な違いはみられない．本章で用いた海外志向は，とくに職業キャリアに関するものであり，職業希望と関連があるとも考えられたが，結果は異なるものとなった．自由記述の回答から，海外志向の高い者は将来の職業として何を希望しているかを確認すると，教員，研究者，金融系の仕事，貿易系，客室乗務員，サッカー選手など，多様な職業があげられていた．だが，「国際線の客室乗務員」など明らかに海外の人と接するような職業を除くと，教員，研究者などは，海外志向がない高校生でも希望していた．さらに，本章の分析では，高校生が希望する職業キャリアを4つにまでまとめている．こうした理由により，職業希望と海外志向との関連は直接にはみられなかったと考えられる．

4　海外志向の特徴と課題

　それでは，本章の分析結果をまとめ，若者の海外志向の特徴を整理していこう．

　第1に，本章の分析結果から，女子ほどジェンダー平等意識が高く，そのために海外志向が高いという影響が示された．多くの先行研究では，男性よりも女性のほうが高い海外志向をもつことが示唆されてきたが（Takahashi 2013; 加藤 2009; Bailey 2006, 2007; Kelsky 2001 など），これらをサポートする結果となった．

　第2に，ジェンダー平等意識が高いほど，海外志向も高くなることが示された．この結果は，ケルスキーなどの先行研究と整合的と考えられる（Takahashi 2013; Bailey 2006, 2007; Kelsky 2001 など）．日本社会では，先進国のなかでジェンダー平等度が低く（Fuwa and Cohen 2007），ジェンダー平等意識をもつ者にとっては生きにくい社会である．そのため，ジェンダー平等意識が高いほど，日本を離れたいという海外志向が高まったと考えられる．

　以上のように，本章では高校生を対象として分析を行い，海外志向の規定要因についてジェンダーの点から検討してきた．高校生の時期は進路の分岐点であり，女子や，ジェンダー平等意識が高い者は，高校卒業後も，海外での生活に必要な技能，資格，情報を得ていくことが予想される．そして，それらの蓄積により，さらに海外への移住がしやすくなるだろう．

　しかしながら，海外へ移住してもジェンダー不平等な状況には直面することも，ここで紹介しておこう（加藤 2009; Kelsky 2001）．加藤（2009）は，日本人が海外，とりわけ欧米で外国人として暮らす際には，言語能力の低さや差別によって，日本の中で暮らしているときよりも「価値の低下」（加藤 2009: 116）が生じるとする．たとえば，日本では安定した職場でキャリアを築いてきた者であっても，カナダでは労働環境の悪い職場で不当な扱いを受けてしまうことがある．さらに，ジェンダー不平等な状況によって「価値の低下」が強化される（加藤 2009）．このように，先行研究は，日本人の若者が海外志向をもち，また，海外へ移住することに対して，それほど明るい将来を示唆せず，日本社

会がジェンダー平等になることはなお重要と考えられる．

ただし，あくまで本章の分析は高校生を対象としたものであり，ここで得られた知見を若者の一般的な傾向として拡張するためにはなお課題が残されている．

第 1 に，在学時と学卒後では，海外志向の規定要因が変化する可能性がある．本章の分析は先行研究と整合的な結果となったが，ライフステージの変化は大きく，高校生の結果を若者全体の傾向として単純に理解するには注意が必要であろう．

第 2 に，高校生の海外志向が，その後，実際に海外への移住を引き起こすのかについては，さらなる検討が必要であろう．海外への移住には，制度や時代の影響が当然にあると考えられるため，海外志向が実際にどの程度，海外志向の原動力になっているかについては，慎重な検討が必要である．

第 3 に，こんにちでは，海外としてイメージされるものがアメリカ風の社会に限られず，海外志向の内容も変容しているかもしれない．いまや英語圏以外でも英語が用いられる機会が増加しており（嶋内・寺沢 2012; Truchor 1997），海外志向の対象となる海外も，アメリカ風の社会に限られないことが示唆される．今後は海外志向の内容についても考慮する必要があるだろう．

以上のような課題はあるものの，本章では，先行研究で得られた知見をもとに，若者のジェンダー平等意識と海外志向との関連を明らかにした．今後は本章の分析を参照点として，さらに研究が蓄積されることが望まれる．

　付記
　　本研究は JSPS 科研費 26780273 の助成を受けた．

　注
1） 近年では，若者が海外への留学や海外での就業を希望しない「内向き志向」の高まりも指摘されているが，以前と比べて高まっていると理解することに対しては懐疑的な見解もある（藤山 2012）．まず，若者の内向き志向の根拠として日本から海外への留学者数は 2004 年をピークに減少していることがあげられるが，18 歳人口あたりの留学者数は，減少しておらず，横ばいで推移しているという（文部科学省 2014; 藤山 2012）．また，新入社員に対して行った調査では，海外赴任に対して消極的な者が増加していることから若者の内向き志

向が指摘されたが，逆に，積極的な者も増加しているという（藤山 2012）．このように，内向き志向の高まりについては見解が分かれている．
2）寺沢拓敬（2012）は，教育政策の議論の中で有識者らが，英語教育を国際化の文脈に位置づけて議論していることを整理している．また，ベイリー（Bailey, K.）は英会話学校の広告を分析し，英語を話せることが海外への道すじとして描かれることを示している（Bailey 2006）．
3）ただし，アメリカ風の社会としてイメージされるものが，必ずしもアメリカ社会の実態と一致しているわけではない（加藤 2009; Kelsky 2006）．
4）この調査には，留学に関する海外志向の質問もあるが，本章では，日本社会から長期的に離れることを想起させる仕事に関する質問を用いた．
5）管理の希望は少ないため，事務に統合した．

文献

Bailey, Keiron, 2006, "Marketing the Eikaiwa Wonderland: Ideology, Akogare, and Gender Alterity in English Conversation School Advertising in Japan," *Environment and Planning D: Society and Space*, 24(1): 105-30.

Bailey, Keiron, 2007, "Akogare, Ideology, and "Charisma Man" Mythology: Reflections on Ethnographic Research in English Language Schools in Japan," *Gender, Place and Culture*, 14(5): 585-608.

British Council, 2014, Japan: Debunking the "Inward-Looking" Myth. (http://www.britishcouncil.org/sites/britishcouncil.uk2/files/ei-japan-ovember-14_0.pdf, 2015年2月1日アクセス).

藤山一郎，2012，「日本における人材育成をめぐる産官学関係の変容――「国際人」と「グローバル人材」を中心に」『立命館国際地域研究』36: 125-41.

Fuwa, Makiko, and Philip Cohen, 2007, "Housework and Social Policy," *Social Science Research*, 36(2): 512-30.

加藤恵津子，2009，『「自分探し」の移民たち――カナダ・バンクーバー，さまよう日本の若者』彩流社．

Hochschild, Arlie with Machung, Anne, 1989, *The Second Shift: Working Parents and the Revolution at Home*, Viking（= 1990, 田中和子訳『セカンド・シフト〈第二の勤務〉――アメリカ共働き家庭のいま』朝日新聞社）.

Kelsky, Karen, 2001, *Women on the Verge: Japanese Women, Western Dreams*, Duke University Press.

松原惇子，1988，『クロワッサン症候群』文藝春秋．

文部科学省，2014，「日本人の海外留学状況」 (http://www.mext.go.jp/a_menu/koutou/ryugaku/__icsFiles/afieldfile/2014/04/07/1345878_01.pdf, 2015年2月1日アクセス).

永瀬圭・太郎丸博，2014，「性役割意識のコーホート分析――若者は保守化して

いるか？」『ソシオロジ』58(3): 19-33.
日本学生支援機構，2014，「平成24年度 協定等に基づく日本人学生留学状況調査結果」
（http://www.jasso.go.jp/statistics/intl_student/documents/short_term12.pdf，2015年2月1日アクセス）．
奥山明良，2009，「男女雇用機会均等法の課題——男女雇用機会均等法の生成と発展」武石恵美子編『女性の働き方』ミネルヴァ書房，71-105.
小笠原祐子，1998，『OLたちの〈レジスタンス〉——サラリーマンとOLのパワーゲーム』中央公論社.
佐々井司・石井晃，2008，「わが国における国際人口移動の動向と将来推計人口への影響」『人口問題研究』64(4): 1-8.
嶋内佐絵・寺沢拓敬，2012，「英語力がアジア人意識に及ぼす効果——アジア・バロメーターとアジア学生調査の計量分析を通して」『アジア英語研究』14: 85-106.
佐々木尚之，2012，「JGSS累積データ2000-2010にみる日本人の性別役割分業意識の趨勢」『日本版総合的社会調査共同研究拠点研究論文集』12: 68-80.
Takahashi, Kimie, 2013, *Language Learning, Gender and Desire: Japanese Women on the Move*, Multilingual Matters.
寺沢拓敬，2012，「日本社会における「国際化のための英語」観の変遷——戦後期の世論調査の検討を通して」『国立音楽大学研究紀要』47: 35-44.
Truchot, Claude, 1997, "The Spread of English: From France to a more General Perspective," *World Englishes*, 16(1): 65-76.

第 8 章

母子間の価値観の伝達
性別役割分業の一般的規範・個人的展望に関する分析

小川和孝

1 なぜ性別役割分業意識が重要か

(1) 男女間の不平等における性別役割分業の問題

　男女間の不平等の問題は，社会学において主要な研究領域の1つである．たとえば労働市場の報酬の1つである賃金に焦点を当てると，日本の男女間賃金格差は先進産業国の中でも最大級となっている（Blau and Kahn 2003）．

　山口一男によれば，男女間賃金格差の要因に注目すると，男女での就業形態の違いとして説明される部分が大きい（Yamaguchi 2011）．すなわち，既婚女性のフルタイム就業が困難であることに，男女間賃金格差が発生する大きな理由がある．

　既婚女性の就業を阻むものとして，家庭内での家事・育児・介護などの，「ケア役割」があることが指摘される．宮本太郎は，これまで日本においては人々の生活を成り立たせるための仕組みとして男性世帯主の雇用保障に重きが置かれてきたと述べている（宮本 2008）．すなわち，世帯の稼ぎ主たる男性の失業率を低く抑え，企業が家族を養うための賃金を与える一方，福祉については家族に任せることで人々の生活は成り立ってきたということである．家事や育児，介護などの負担は世帯内の女性に依存する性別役割分業が用いられてきた．

　日本における性別役割分業については，各種の調査結果にも表れている．岩

井八郎らの研究は，子育て期にあたる30代において，女性の労働力率が落ち込む，「M字型就労」の国際比較を行っている（岩井・真鍋 2000）．1970年にはアメリカ・ドイツ・スウェーデンでも25～34歳女性の労働力率の落ち込みがみられたが，1980年，1990と近年になるにつれて，それが解消している．一方，日本の場合は落ち込みが浅くなっているものの，解消はされていない．

また，厚生労働省が2010年に行った「出生動向基本調査」によれば，第1子出産後に退職している女性が4割以上，第1子出産前から無業の女性が2割以上おり，これらを足した割合は，育児休業法が制定されて20年が経過しているものの大きく変化をしていない．

さらに，家庭内の分業である家事の負担に着目した場合にも，国際的にみて日本では，妻に大きく偏っている（Fuwa 2004）．以上のように，日本における性別役割分業の程度は今なお根強いことが確認できる．

(2) 性別役割分業意識に注目する意義

性別役割分業が維持される仕組みとして，「男性稼ぎ主型」を標準とするようなさまざまな社会制度や，雇用差別というものが要因としてありえるが，そうした制度や労働需要側の要因のみで捉えてしまうのは問題があると考えられる．実際には，個々人の教育的背景，キャリアに対する期待や選好，家族の社会経済的地位などの，広い意味での供給側の要因があり，需要と供給の相互作用の中で生じている男女間の格差を捉える必要があるだろう．

そのような供給側の要因という視点を入れた際に，岩間暁子はなぜ，家庭内で異なる家事分担が生まれるのかについて，3つの異なる仮説を紹介している（岩間 2008）．すなわち，(1) 相対的資源説，(2) 時間制約説，(3) イデオロギー／性役割説である．(1) 相対的資源説とは，社会経済的資源が，夫婦間に異なる交渉力の差をつけるというものである．(2) 時間制約説とは，夫婦のうち，時間的な資源が多いほうが家事を行うことになるというものである．そして，(3) イデオロギー／性役割説とは，性別役割分業に対する価値観が家事分担に影響するというものである．

本章ではこれらのうち，(3) イデオロギー／性役割説の次元として捉えられる，性別役割分業への人々の支持に注目する．実証分析においても，性別役

分業意識は，実際の分業の度合いとも関連しているとされている（Kamo 1988）．また，ハキム（Hakim, C.）は意識や態度は男女間の不平等を考える上で無視できないメカニズムであると指摘し，とくに女性のライフコースについて，仕事と家庭生活についての女性自身の選好が重要であると述べている（Hakim 2003）．

性別役割分業意識についての調査結果をみてみると，表8-1のようになる．「夫は外で働き，妻は家庭を守るべきである」という考え方について，世代によって賛成割合は基本的に低下するが，2012年では20代は30代よりも賛成割合が高い．また，1992年から2007年まではおおむね男女ともにどの世代でも賛成割合は低下している傾向がみられるが，2012年の調査では賛成割合が全体的に増加している．2012年においても，男性では50代を除いて過半数が性別役割分業には肯定的であり，世帯内での夫婦の異なる役割について，人々に根強く規範が存在していると考えられるだろう[1]．

表8-1 性別役割分業意識への賛成に関する世代・時代による違い

		20代	30代	40代	50代	60代	70代	計
男性	1992年	52.3	66.5	59.8	64.8	77.3		65.7
	2002年	44.3	41.4	51.8	47.4	53.7	67.9	51.3
	2007年	41.4	38.8	37.3	40.1	50.0	56.9	50.7
	2012年	55.7	52.2	50.9	47.2	55.9	63.5	55.2
女性	1992年	48.0	46.8	53.9	54.3	68.7		55.6
	2002年	33.2	32.9	37.5	40.6	50.8	63.8	43.3
	2007年	40.2	35.0	31.7	34.3	43.1	54.8	39.9
	2012年	43.7	41.6	41.0	40.4	52.3	62.2	48.4

注1：内閣府「男女共同参画社会に関する世論調査」の各年調査より作成．
 2：「夫は外で働き，妻は家庭を守るべきである」への「賛成」・「どちらかといえば賛成」の割合（％）の合計値．

本章で注目するのは労働市場における格差の事前の要因となりえる，高校生時点での性別役割分業意識である．男女で異なる意識は，性別役割についての社会化によって労働市場に入る以前にすでに生じていると考えられる．また，人々の意識はライフコースを通じてかなり変わりえるものであるが，一方で若年期における格差の生成要因は蓄積的な影響をもつということも考えられる．よって，高校生時点における性別役割分業意識に注目することは一定の意義が

あると言えるだろう.

2 性別役割分業意識を社会学的に位置づける

(1) 母親の性別役割分業意識への注目

本章では，子どもの性別役割分業意識に影響する要因として，主に母親の性別役割分業意識に注目する．これまで，日本の高校生の性別役割分業意識に注目した研究はあるが（吉川 2001; 木村 2009），親の影響に注目した分析は行われていない．しかしながら，労働市場における経験および，離家経験をほとんどもっていない高校生段階においては，親が価値観の形成に及ぼす影響は無視できないだろう．

実際，海外の研究では，世代間で性別役割分業意識の伝達があることが指摘されており，とくに母親が社会化の担い手として重要であるという（Davis and Greenstein 2009）．親は息子か娘かで異なる教育期待を持つとしばしば指摘されてきた日本社会において，世代間で性別役割分業意識の伝達があるかどうかを検証することは実証的な意義があることだと思われる．

また，母親の性別役割分業意識について注目することは，社会階層論の観点からも重要であると考えられる．まず，性別役割分業意識は社会階層によって異なることが明らかにされてきた（Kohn and Schooler 1983）．しかし，伝統的に社会階層論は，父親の学歴や職業で表される社会階層を世帯内で共有しているという前提をおいてきたという特徴がある．このようなアプローチに対しては，男性中心的，あるいは母親の役割を過小評価しているという批判も行われている（Acker 1973）．このような批判を受けて，父親の社会階層が世帯内で共有されているという仮定は適切であるという反論も，ゴールドソープ（Goldthorpe, J. H.）によって行われている（Goldthorpe 1983）．一方で，世帯における母親の経済的寄与が大きくなった近年では，こうした仮定は当てはまらなくなっているという指摘もある（Beller 2009）．

日本においては，ゴールドソープが主張したように，伝統的なモデルのあてはまりがよいという研究もある一方で（白波瀬 2000），より近年ではその関係は異なっている可能性も考えられる．また，階層的地位という次元ではなく，

ライフスタイルやライフコースに対する価値観という次元では,母親の役割はより重要である可能性もある.

さらに,母親の役割という視点を入れることによって,単に仕事と家庭生活の選好の異質性が,異なったライフコースを生む(Hakim 2003)というアプローチの問題点を埋めることができると考えられる.

第1に,選好とは基本的に個人レベルで考えられるものであるが,フェミニズムの研究が批判してきたように,ジェンダーとは個人属性ではなく,社会関係の中で決まるものである.そうした意味で,性別役割分業意識について,母子という関係性を無視することには問題がある.

第2に,個々人の選好や態度は,所与のものとして扱われることがあるが[2],実際には,幼少期・青年期を通じて形成されるものである.たとえば,ボウルズ(Bowles, S.)とギンティス(Gintis, H.)は,教育システムが認知的スキルだけではなく,人格や選好の形成に影響し,それが労働市場の格差につながることに注目した(Bowles and Gintis 1976 = 1986).どのような選好や意識を人々がもつのかについて,機会の格差の問題とは切り離せない側面が存在することが指摘されているのである.

以上のように,性別役割分業意識そのものの分布だけではなく,それがどのように形成されるのかというプロセスに注目するという点において,母親の役割に注目することは意義がある.

(2) 性別役割分業意識の操作化

実証分析を行うにあたり,性別役割分業意識をどのように捉え,操作化するのかというのは重要な問題である.伝統的には,「夫は外で働き,妻は家を守るべきである」という考え方への賛否が各種の調査で用いられてきた.本章においても,過去の研究との比較可能性という観点から,こうした一般的な役割規範についての変数を用いる.

しかし,本章でさらに主張するのは,性別役割分業についての,一般的な価値観と個人的な選好は区別して考えるべきであるということである.ハキムは,個人の価値観と選択は異なっており,しばしば関連が小さいと指摘する(Hakim 2003).たとえば,ある女性が,子どもが小さいときに母親は自由に仕事

に戻れるようにすべきだと考えていたとしても，自分自身は働きたくないと考えることがあるだろう．これらが母親のもつ価値観によって異なった影響のされ方をするのか，というのは興味深い問いになりえる．

よって，次節で詳しく述べるが，従属変数として注目する子どもの性別役割分業意識については，一般的な規範への支持と，自らのライフコースにおける選好という次元を区別する．また，母親については上記の区別においては一般的な規範の次元にしか注目をしないが，より頑健な結果を得るために，複数の質問項目を用いて異なったモデルを設定する．

3 分析の戦略と変数の設定

(1) 分析に使用する変数

分析において注目する従属変数は次の2つである．第1に，子どものもつ性別役割分業意識についての一般的支持であり，これは，「男は外で働き，女は家庭を守るべきである」という質問によって操作化し，1＝「そう思わない」，2＝「あまりそう思わない」，3＝「どちらともいえない」，4＝「ややそう思う」，5＝「そう思う」となる順序変数として設定した．

第2の従属変数は，子どもの性別役割分業への個人的な選好である．これは，結婚後の就業継続希望の変数によって操作化する．具体的には，「【女性の方へ】あなたは結婚しても仕事を続けたいと思いますか．結婚相手がどう希望するかは別にして，次の1～6の中から，あなた自身の考えにもっとも近いもの1つに○をつけてください．【男性の方へ】あなたが結婚した場合，妻が働くことをどう思いますか．結婚相手がどう希望するかは別にして，次の1～6の中から，あなた自身の考えにもっとも近いもの1つに○をつけてください．」という質問を用いた．回答の選択肢は，1＝「結婚後もずっと仕事を続ける」，2＝「出産時に退職し，しばらくしてから再就職する」，3＝「出産時に退職し，その後は仕事をしない」，4＝「結婚時に退職し，しばらくしてから再就職する」，5＝「結婚時に退職し，その後は仕事をしない」，6＝「結婚しないでずっと仕事をもつ」である．選択肢1を「1」，選択肢2～5を「0」，選択肢6を欠損値とし，2値変数として設定した．

注目する独立変数は，母親の性別役割分業意識である．これは3つの変数を用いて操作化し，1つは子どもの従属変数の1つとして用いるものと同じ，「男は外で働き，女は家庭を守るべきである」という質問である．これは，1＝「そう思わない」，2＝「あまりそう思わない」，3＝「どちらともいえない」，4＝「ややそう思う」，5＝「そう思う」となる順序変数として設定した．

また，「男子も身の回りのことや炊事をすべき」，「子どもが3歳くらいまでは母親は育児に専念すべき」という変数も用いる．これらは，「賛成」，「どちらかといえば賛成」，「どちらかといえば反対」，「反対」で捉えられている．1から4の順序変数として，「男子も身の回りのことや炊事をすべき」は，4＝「反対」となるようにした．一方で，「子どもが3歳くらいまでは母親は育児専念すべき」は，4＝「賛成」となるようにした．すなわち，これらについては数値が大きいほどより伝統的な態度となるように設定した．

他に統制変数として用いるのは，高校の偏差値，父親・母親がそれぞれ大卒かどうか，母親の結婚時の就業の有無，母親の現在の就業の有無，子どものきょうだい数，世帯収入の対数値である．

(2) 分析のモデル

本章では母親と子どもの性別役割分業意識の関連について注目する．母親は子どもの社会化の担い手として，その性別役割分業意識の伝統性は，子どもの性別役割分業意識の伝統性を強めるということが考えられる．

しかしながら，必ずしもその因果の方向は一方的であるとは限らず，内生性の問題が生じることが考えられる．内生性の問題とは，説明変数の値が従属変数の原因ではなく，結果であることから生じる（King et al. 1994 = 2004: 221）．この場合に通常の回帰モデルを用いると，説明変数が部分的には従属変数によって決定されるため，説明変数の式において従属変数が誤差項に含まれてしまい，説明変数と誤差項間に相関が生じてしまう．よって，推定された結果は，バイアスを伴ったものになる．本章の枠組みでいえば，母親が子どものもつ将来への期待を考慮して自らの考えを変化させるという場合である．すなわち，子どもの性別役割分業意識が伝統的であれば，母親もそれを反映した意識をもつという場合には逆向きの因果が存在していることになる．本章では，そうし

た内生性の問題に関して対処を行ったモデルを採用する[3]．なお，結果については紙幅の関係から，主要なパラメータのみを掲載する．

4 母子の意識の関連についての実証分析

(1) 子どもがもつ性別役割分業の一般的な規範へ親が与える影響

まず，子どものもつ，性別役割分業への一般的な規範にかんする分析を行う．すなわち，「男は外で働き，女は家庭を守るべきである」という質問に対する支持を従属変数とした分析である．結果を表8-2に男女別に示す．

モデル1では，鍵となる独立変数は，母親が，「男は外で働き，女は家庭を守るべきである」と思っているかどうかである．男子の係数は.425であり，1%水準で正に有意であった[4]．これは母親が，「男は外で働き，女は家庭を守るべきである」と思っているほど，子どももそのように思うという傾向を示しており，伝統的な性別役割分業について母子で正の関連があることを示してい

表8-2 「男は外で働き，女は家庭を守るべきである」へ親の与える影響

	男子			女子		
	モデル1	モデル2	モデル3	モデル1	モデル2	モデル3
母親・男は外で働き，女は家庭を守るべき	.425**			.156		
	(.163)			(.155)		
母親・男性も身の回りのことや炊事をすべき		.394			.187	
		(.246)			(.291)	
母親・子どもが3歳くらいまで育児専念すべき			.244			.265
			(.196)			(.195)
父親・四年制大学	.015	.057	.048	.101	.061	.097
	(.116)	(.117)	(.116)	(.120)	(.115)	(.116)
母親・四年制大学	.056	-.074	-.016	-.247	-.245	-.244
	(.161)	(.155)	(.161)	(.176)	(.176)	(.175)
母親・現在就業	.111	.021	.019	.028	.007	-.065
	(.139)	(.137)	(.138)	(.140)	(.138)	(.137)
子どもの高校の偏差値	-.005	-.001	-.001	-.012 †	-.011 †	-.013
	(.006)	(.006)	(.006)	(.006)	(.006)	(.006)
子どものきょうだい数	-.092	-.087	-.084	.086	.073	.064
	(.074)	(.073)	(.074)	(.075)	(.075)	(.076)
サンプルサイズ		423			438	

注1：推定は順序プロビット．他に統制変数として母親の結婚時の退職経験，世帯収入の対数値を入れている．
 2：括弧内に標準誤差を示した．
 3：† $p<0.1$, * $p<0.05$, ** $p<0.01$, *** $p<0.001$.

る．なお表中には示していないが，限界効果で表すと，母親の意識の伝統性が1単位上がると，子どもの意識の伝統性がもっとも高い値になる確率が5%上がる．なお，すべての限界効果の値については章末の付表を参照されたい．

モデル2とモデル3では，それぞれ鍵となる独立変数は，「男性も身の回りのことや炊事をすべきだ」，「子どもが3歳くらいまでは，母親は仕事をもたずに育児に専念すべきだ」を用いた．これらは数値が大きいほど非伝統的な態度を示すように設定してある．男子についての結果は，符号条件としては正であるので，モデル1と同様に伝統的な性別役割分業について母子で正の関連を示す傾向にあるが，統計的に有意な結果は得られなかった．

女子の場合についても男子と同様に，モデル1，2，3でそれぞれ，母親が「男は外で働き，女は家庭を守るべきである」，「男性も身の回りのことや炊事をすべきだ」，「子どもが3歳くらいまでは，母親は仕事をもたずに育児に専念すべきだ」と思っているかどうかを独立変数として設定した．

結果は，符号条件としては男子の場合と同様に，母親の性別役割分業意識の非伝統性が強まるほど，子どももそれに影響されるという正の関連の傾向がみられる．しかしながら，いずれも統計的に有意な結果ではなかった．モデル1では母親の意識が有意な関連をもっていた男子の場合とは異なる結果である．

(2) 子どもがもつ性別役割分業の個人的な選好へ親が与える影響

次に，性別役割分業の個人的な選好を分析する．具体的には，従属変数について，男子の場合には，「結婚相手に結婚後もずっと仕事を続けることを望むかどうか」，女子の場合には，「自分自身が結婚後もずっと仕事を続けることを望むかどうか」を設定した分析である．結果は表8-3である．

まず，男子についての結果をみてゆく．モデル1は，母親が「男は外で働き，女は家庭を守るべきである」と思っているかどうかを独立変数に設定したものである．結果は係数が−.635で，1%水準で統計的に有意であった（限界効果では，母親の意識の伝統性が1単位上がることで，子どもの意識の伝統性が20.2%低下することを意味する）．すなわち，母親の性別役割分業意識が伝統的であると，結婚相手の将来の就業継続を望みにくくなるということを示している．

モデル2では，母親が，「男性も身の回りのことや炊事をすべきだ」と思っ

表 8-3 結婚後の妻または自分の就業継続希望へ親の与える影響

	男子			女子		
	モデル1	モデル2	モデル3	モデル1	モデル2	モデル3
母親・男は外で働き，女は家庭を守るべき	−.635**			−.369†		
	(.234)			(.206)		
母親・男性も身の回りのことや炊事をすべき		−.900†			.164	
		(.461)			(.396)	
母親・子どもが3歳くらいまで育児専念すべき			−.418†			−.540*
			(.246)			(.246)
父親・四年制大学	.087	.006	.039	−.034	.063	−.009
	(.136)	(.146)	(.146)	(.144)	(.138)	(.138)
母親・四年制大学	.082	.251	.161	.104	.070	.065
	(.201)	(.188)	(.202)	(.204)	(.207)	(.205)
母親・現在就業	−.122	−.103	−.097	−.077	−.006	−.015
	(.148)	(.165)	(.171)	(.164)	(.168)	(.158)
子どもの高校の偏差値	−.010	−.012	−.014	.005	.004	.006
	(.007)	(.007)	(.007)	(.007)	(.008)	(.007)
子どものきょうだい数	−.020	−.019	−.031	.044	.043	.056
	(.081)	(.089)	(.092)	(.088)	(.090)	(.087)
サンプルサイズ	423			438		

注1：推定は二項プロビット．他に統制変数として母親の結婚時の退職経験，世帯年収の対数値を入れている．
2：括弧内に標準誤差を示した．
3：† $p<0.1$，* $p<0.05$，** $p<0.01$，*** $p<0.001$．

ているかどうかを独立変数に用いた．結果は，係数が−.900で，10％水準ではあるものの統計的に有意であった．モデル1と同様に，母親の性別役割分業意識の伝統性と，結婚相手に望む将来の選択への選好について関連があることを示している．またモデル3では，母親が，「子どもが3歳くらいまでは，母親は仕事をもたずに育児に専念すべきだ」と思っているかどうかを独立変数に用いた．係数は−.418で，10％水準ではあるが統計的に有意であった．母親の性別役割分業意識が伝統的であるほど，子どもが結婚相手に望む役割も伝統的になりやすいという関連があることを同じく示している．

以上より，モデル1からモデル3で母親の性別役割分業意識について異なった変数による操作化を行ったが，いずれについても母親・子どもの性別役割分業意識の伝統性には正の関連がみられ，頑健な結果であるということが示された．

次に女子の場合における結果をみてゆく．すなわち，自分自身が結婚後も就業継続をすることを希望するかどうかを従属変数とした分析結果である．モデルの設定はこれまでと同様であり，モデル1は母親が，「男は外で働き，女は

家庭を守るべきである」と思っているかどうかを独立変数に設定したものである．係数は－.369で，10％水準ではあるが統計的に有意であった．これは，母親が「男は外で働き，女は家庭を守るべきである」と思っているほど，娘が自身の結婚後の就業継続を望みにくくなるという関係を表している．

モデル2は，母親が，「男性も身の回りのことや炊事をすべきだ」と思っているかどうかを独立変数に設定したものである．結果は係数が.164と符号条件が仮説と一致せず，また統計的に有意でもなかった．モデル3は，母親が，「子どもが3歳くらいまでは，母親は仕事を持たずに育児に専念すべきだ」を独立変数に用いた場合の結果である．係数は－.540で，5％水準で有意であった（限界効果では，母親の意識の伝統性が1単位上がることで，18.4％の低下）．すなわち，母親の性別役割分業意識の伝統性の強さが，娘の就業継続を望ませにくくしていることを示している．

前項の結果においては，女子の場合には，母親の性別役割分業意識は，子どもの性別役割分業意識の一般的な規範とは関連していることは見出せなかった．しかし，自身の将来の就業選択という，個人的なライフコースの展望という側面においては，母親の意識が影響をもっているということが明らかになった．

5　世代間の性別役割分業意識の関連が不平等に対して意味するもの

(1) 分析結果のまとめ

分析の結果は次のように要約される．第1に，子どもの性別役割分業についての一般的な規範に注目した場合，母親の意識の伝統性は，男子の場合においてのみ子どもの規範の伝統性を強めるということが明らかになった．

第2に，性別役割分業の個人的な展望について，すなわち男子においては結婚相手の，女子においては自身の結婚後の就業継続希望について注目した場合，男女どちらにおいても母親の性別役割分業意識の伝統性が，子どもの意識の伝統性を強めることが明らかになった．また，第3に他の変数との有意な関連がほとんどみられなかった（例外は，一般的規範に関する女子の場合の高校の偏差値）．

(2) 分析で得られた知見のより広い解釈

 本章の分析で得られた知見から，より広くどのようなことが示唆されるだろうか．第1に，男女間での母親の意識の影響の異なりについてである．母親の性別役割分業意識の伝統性は，息子の場合には一般的な規範という次元と個人的な展望という次元との両方に影響がみられたのに対して，娘の場合には個人的な展望においてのみ影響がみられた．先行研究では，親は同性の子どもに対してより強い期待をもつという指摘も行われているが（Rosen and Aneshensel 1978），女子は個人的な展望の面のみにおいて母親から影響を受けているというのは興味深い事実である．

 女子の場合の性別役割分業の一般的な規範は，高校の偏差値が高いとその伝統性を弱める傾向があったから，他の経路がより重要であるのかもしれない．一方で，個人的な展望という次元においては，現状のさまざまな男女間格差やロールモデルとしての母親を意識して，母親の価値観に影響されてしまいやすいということが考えられる．また，この結果から一般的な価値観と個人的な将来展望が女子の場合は男子よりも異なりやすく，女子は役割葛藤をよりもちやすいということも示唆される．

 第2に，両親の学歴や母親の就労状態，子どもの偏差値などの他の変数との有意な関連がほとんどみられなかったことについてである．このことは，親の性別役割分業意識による影響があるだけでなく，因果の効果も大きい可能性を示唆している．あるいはより高い可能性として，今回の分析で投入した家庭の社会経済的要因だけでは十分に捉えきれていない，ラロー（Lareau, A.）の注目する「家庭の文化」の領域がかなり大きいということが考えられる（Lareau 2002）．すなわち，本章で明らかにした親の性別役割分業意識とは，より一般的な家庭の文化，すなわち親のしつけのスタイルや子どもに対してもっている期待などの中に位置づけられるものであり，他の変数を十分に捉えきれていないことにより，親の性別役割分業意識の影響がそれだけ大きく観察されたということである．ラローによれば，家庭における日常的な実践は，1つ1つはそれほど大きな効果をもたなくとも，それらの累積が子どもに対して有利さ・不利さをもたらす．また，そうした家庭における親子の日常的に繰り返される相互作用は計量的な分析では捉えきれないものだという．本章の分析においても，

利用可能な変数による計量分析からは捉えきれなかった，家庭の文化にかんする要因が影響している可能性は十分にあるだろう．

　本章の分析により，親の社会化の影響は，子どもの性別役割分業への態度にも影響していることがある程度の確からしさをもって確認できた．さらに，性別役割分業意識が実際の分業行動にも影響しているという先行研究の指摘を踏まえるならば（Kamo 1988），高校生段階での親の意識による子どもの意識の分化は，男女間の不平等の問題を考える上で，無視できないメカニズムである．また，親の世代における男女間の不平等に関する規範が，子どもの世代においてまで持続的な影響を及ぼすということであれば，男女間の不平等の解消はこれまで考えられていたよりも困難である可能性も考えられる．世代間の意識や規範の伝達については今後さらなる研究の蓄積が重要であろう．

注
1) ただし，2012年において保守的な意識が強まったという調査結果については，千田有紀による次のような批判が行われている（千田 2013）．以前の内閣府の調査においては，「夫は外で働き，妻は家庭を守るべきである」という質問は，結婚生活についても複数の質問の中に混ざって尋ねられていた．しかし，2012年の調査においてはこの質問項目が独立して尋ねられており，比較ができない可能性があるという．
2)「蓼食う虫も好きずき」("There is no accounting for tastes.") ということわざにもみられるように，人々のもつ選好は説明対象とはなりえないという立場は，特に経済学においてしばしばみられる．
3) 本章の分析モデルについて，詳しくはこれに先立つディスカッション・ペーパー（小川 2014）を参照されたい．
4) プロビットモデルの係数は，ロジットモデルにおけるような係数の対数オッズ比としての解釈上の意味を直接持たない．しかし，プロビットモデルの係数は 1.6 倍することで，ロジットモデルの係数とおおよそ一致するということが知られている（Amemiya 1981: 1488）．なお，5%水準以下で統計的に有意であった結果については，限界効果を本文中にも示してある．

文献
Acker, Joan, 1973, "Women and Social Stratification: A Case of Intellectual Sexism," *American Journal of Sociology*, 78(4): 936-45.
Amemiya, Takeshi, 1981, "Qualitative Response Models: A Survey," *Journal of Economic Literature*, 19(4): 1483-536.

Beller, Emily, 2009, "Bringing Intergenerational Social Mobility Research into the Twenty-first Century: Why Mothers Matter," *American Sociological Review*, 74(4): 507-28.

Blau, Francine D. and Lawrence M. Kahn, 2003, "Understanding International Differences in the Gender Pay Gap," *Journal of Labor Economics*, 21(1): 106-44.

Bowles, Samuel and Herbert Gintis, 1976, *Schooling in Capitalist America: Educational Reform and the Contradictions of Economic Life*, New York: Basic Books. (= 1986, 宇沢弘文訳『アメリカ資本主義と学校教育——教育改革と経済制度の矛盾』岩波書店.)

Davis, Shannon N. and Theodore N. Greenstein, 2009, "Gender Ideology: Components, Predictors, and Consequences," *Annual Review of Sociology*, 35: 87-105.

Fuwa, Makiko, 2004, "Macro-Level Gender Inequality and the Division of Household Labor in 22 Countries," *American Sociological Review*, 69(6): 751-67.

Goldthorpe, John H., 1983, "Women and Class Analysis: In Defence of the Conventional View," *Sociology*, 17(4): 465-88.

Hakim, Catherine, 2003, "Public Morality Versus Personal Choice: The Failure of Social Attitude Surveys," *British Journal of Sociology*, 54(3): 339-45.

岩井八郎・真鍋倫子, 2000,「M字型就業パターンの定着とその意味——女性のライフコースの日米比較を中心に」盛山和夫編『日本の階層システム4 ジェンダー・市場・家族』東京大学出版会, 67-91.

岩間暁子, 2008,『女性の就業と家族のゆくえ——格差社会のなかの変容』東京大学出版会.

Kamo, Yoshinori, 1988, "Determinants of Household Division of Labor: Resources, Power, and Ideology." *Journal of Family Issues*, 9(2): 177-200.

吉川徹, 2001,「ジェンダー意識の男女差とライフコース・イメージ」尾嶋史章編『現代高校生の計量社会学——進路・生活・世代』ミネルヴァ書房, 107-26.

木村治生, 2009,「性別役割分業に対する意識変化の要因を探る——都立高校生調査を手がかりにして」『都立高校生の生活・行動・意識に関する調査報告書』ベネッセ教育開発研究センター, 156-66.

King, Gary, Robert O. Keohane, and Sidney Verba, 1994, *Designing Social Inquiry: Scientific Inference in Qualitative Research*, Princeton: Princeton University Press. (= 2004, 真渕勝監訳,『社会科学のリサーチ・デザイン——定性的研究における科学的推論』勁草書房.)

Kohn, Melvin and Carmi Schooler, 1983, *Work and Personality: An Inquiry into the Impact of Social Stratification*, Norwood N.J.: Ablex Publishing Corpora-

tion.
Lareau, Annette, 2002, "Invisible Inequality: Social Class and Childrearing in Black Families and White Families," American Sociological Review, 67(5): 747-76.
宮本太郎, 2008, 『福祉政治――日本の生活保障とデモクラシー』有斐閣.
小川和孝, 2014, 「母子間における価値観の伝達――性別役割分業意識に焦点を当てた分析」『2013年度課題公募型二次分析研究会 高校生の進路意識の形成とその母親の教育的態度との関連性 研究成果報告書』東京大学社会科学研究所附属社会調査・データアーカイブ研究センター, 57-73.
Rosen, Bernard and Carol S. Aneshensel, 1978, "Sex Differences in the Educational-Occupational Expectation Process," Social Forces, 57(1): 164-86.
千田有紀, 2013, 「『妻は家庭を守るべき』の増加は保守化か？――男女共同参画社会に関する世論調査結果を考える」『Cutting-Edge』47:1.
白波瀬佐和子, 2000, 「女性の就業と階級構造」盛山和夫編『日本の階層システム 4 ジェンダー・市場・家族』東京大学出版会, 133-55.
Yamaguchi, Kazuo, 2011, "Decomposition of Inequality among Groups by Counterfactual Modeling: An Analysis of the Gender Wage Gap in Japan," Sociological Methodology, 41(1): 223-55.

付表

付表 8-1　限界効果（男は外で働き，女は家庭を守るべきである）

男子	←そう思わない 1	2	3	4	そう思う→ 5
母親・男は外で働き，女は家庭を守るべき	−.089 * (.038)	−.064 *** (.016)	.032 ** (.010)	.072 *** (.020)	.050 * (.025)
母親・男性も身の回りのことや炊事をすべき	−.088 (.058)	−.063 † (.034)	.031 † (.019)	.072 † (.041)	.047 (.033)
母親・子どもが3歳くらいまで育児専念すべき	−.052 (.042)	−.041 (.031)	.019 (.014)	.046 (.036)	.028 (.024)
女子	1	2	3	4	5
母親・男は外で働き，女は家庭を守るべき	−.099 (.073)	.014 (.074)	.051 (.035)	.027 (.038)	.007 (.014)
母親・男性も身の回りのことや炊事をすべき	−.063 (.098)	−.007 (.011)	.037 (.057)	.026 (.040)	.007 (.011)
母親・子どもが3歳くらいまで育児専念すべき	−.089 (.063)	−.009 (.007)	.051 (.034)	.036 (.026)	.011 (.010)

注1：他の変数を統制した際の従属変数のそれぞれの値において，独立変数による確率の変化を示している．
2：括弧内に標準誤差を示した．
3：† $p<0.1$, * $p<0.05$, ** $p<0.01$, *** $p<0.001$.

付表 8-2　限界効果（結婚後の妻または自分の就業継続希望）

男子	
母親・男は外で働き，女は家庭を守るべき	−.202 ** (.061)
母親・男性も身の回りのことや炊事をすべき	−.297 * (.137)
母親・子どもが3歳くらいまで育児専念すべき	−.140 † (.077)
女子	
母親・男は外で働き，女は家庭を守るべき	−.045 (.050)
母親・男性も身の回りのことや炊事をすべき	.059 (.142)
母親・子どもが3歳くらいまで育児専念すべき	−.184 * (.074)

注1：他の変数を統制した際の独立変数による従属変数の確率の変化を示している．
2：括弧内に標準誤差を示した．
3：† $p<0.1$, * $p<0.05$, ** $p<0.01$, *** $p<0.001$.

第 9 章

母親の就業経歴と高校生のライフコース展望
「仕事も家庭も」という母親が子どもに与える影響

苫米地なつ帆

1 母親の働き方と子どもの意識・行動

(1) 女性のライフコース選択の時代的変化
——仕事と家庭の両立を目指す女性たち

　第二次世界大戦後の日本社会において，女性のライフコース選択やそれにかかわる意識は大きく変化してきた．高度経済成長期にはサラリーマン家庭における女性の専業主婦化が進み，男性雇用者と無業の妻からなる世帯の数が雇用者の共働き世帯の数をはるかに上回っていた．ところが，1970年代後半に起こった第二次オイルショックを機に既婚女性の労働力率が上昇に転じ，共働き世帯が次第に増加することとなった．それ以降も共働き世帯は一貫して増加し続け，1990年代前半に男性雇用者と無業の妻からなる世帯と共働き世帯の数がほぼ等しくなり，2014年の時点では前者が720万世帯，後者が1077万世帯となっている[1]．今日では仕事をもつ既婚女性が多くなっているのである．

　また，第8章で確認されているように性別役割分業意識（「夫は外で働き，妻は家庭を守るべきである」という考え方）への賛成割合は1992年から2007年にかけて男女ともに低下し，否定的な者が約半数を占めるまでになった[2]．加えて，未婚女性の希望ライフコースについても時代的な変化がみられる．国立社会保障・人口問題研究所実施の「第13回出生動向基本調査」によると，1987年の段階では理想のライフコースとして「専業主婦（結婚・出産後に仕事に就か

ない)」を選択する女性が34%で比率が最も高かったのだが，その比率は近年に近づくにつれて低下し，2007年時点では育児でいったん退職したのちに再就職する「再就職型」や子をもって仕事もずっと続けるという「両立型」を希望する女性の比率が専業主婦を希望する女性のそれに取って代わっている．現在では「仕事か家庭か」ではなく，「仕事も家庭も」というキャリアを求める女性が多くなっているといえよう．

(2) 母親のライフコースと子どものかかわり──子どもの社会化の観点から

前述のように，女性のライフコース選択やそれにかんする人々の意識は時代に伴って変化してきた．そしてこの変化は，その時代を生きる女性のもとに生まれてくる子どもが経験する家庭環境とも関連している．なぜならば，日本における子どもの社会化の中心的な担い手は母親であるためである．

近代以降の日本社会では性別役割分業にもとづき，母親が子どもの社会化や養育における最も身近で重要な他者（significant others）として位置づいてきた．ゆえに社会学や心理学の領域では，母親が子どもの発達に影響を与える側の存在であるという見方が一般的である（斧出 2009）．なかでも母親の就業は子どもへの関与の量や質とかかわっているとされる要因の1つであり，それが子どものパーソナリティ形成や意識，子ども自身の就業行動にいかなる影響を与えるのかということが問われてきた．

また，母親は子どもにとってのロールモデルにもなる（森岡 1997）．すなわち，母親がどのようなライフコースをたどってきたのかが，子どもが将来どのような職業に就きたいか，どのような相手と結婚したいか，どのような母親になりたいかを考えるうえでの参照基準となりうるのである．今やほとんどの人が高等学校へ進学しているが卒業後の進路はさまざまであり，この時期にどのようなライフコースを描くかが進路選択と密接にかかわっている．しかしながら，母親の就業と高校生のライフコース展望との関連に着目した研究はほとんどみられないのが現状である．

以上の背景をふまえ本章では，高校生のライフコース展望に対して母親の就業経歴がいかなる影響を及ぼすのかを明らかにすることを目的とする．次節では先行研究の知見をまとめ，具体的な仮説を提示する．

2 母親の就業は子どもにどのような影響を与えるか

(1) 母親の就業の影響にかんする先行研究

母親の就業が子どもに与える影響について，より具体的には母親の就業が子どものパーソナリティ形成や問題行動などとどのようにかかわっているかについての研究は多くの蓄積がある（MacDermid and Williams 1997; Galambos et al. 1995）．まず，幼児期や児童期の子どもについては母親の就業が問題行動や学業成績の低下に結びつくという議論がある（樋口 1984）．他方でそれを否定するような結果，すなわち母親の就業と子どもの学業成績の間には関連がみられないとする知見も得られている（袖井 1993）．

また，子どものパーソナリティや意識に着目した研究においては，子どもの自尊心には母親就業の影響がみられないとする知見がある一方で（Cooksey et al. 1997），母親の職務上のプレッシャーが自尊心に影響を与えるという分析結果を提示するものもある（Crouter et al. 1999）．日本国内のデータを用いた研究からは，中学生の独立心に対して母親の就業状態は影響を及ぼさないという知見が得られている（末盛 2002）．その一方，母親の就業が中学生の子どもの職業生活や私生活のイメージに影響を与えており，「家事も仕事も」という忙しい母親の姿が子ども自身の将来の職業生活充足イメージにマイナスの影響をもたらすことが明らかにされている（三輪・青山 2014）．

続いて，子どもの実際の就業に対する母親の就業の影響については，母親が就業している男性の配偶者は就業率が高いことを示したものや（Tanaka 2008），就業している母親をもつ女性のフルタイム就業が促進されるということを明らかにしたものがみられる（Kawaguchi and Miyazaki 2009）．基本的には母親が就業していることが女性の就業促進につながっているといえよう．

以上のことからわかるのは，母親の就業が子どもに与える影響については，指標や子どもの発達段階に応じてさまざまな結果が得られているということである．子ども自身の就業にかんする意識や就業行動と母親の就業の関連にしぼってみると，母親の就業は就業前の段階にある子どもの職業イメージにはマイナスの影響をもつが，実際の子どもの行動においては子どもの就業にプラスの

第 9 章　母親の就業経歴と高校生のライフコース展望

影響を与えているとまとめることができる．

（2）仮説の導出

　就業にかんする意識や実際の就業行動についての先行研究の知見をみるかぎり，母親の就業が高校生の就業継続にかんするライフコース展望に対してプラスの影響をもつ可能性と，反対にマイナスの影響をもつ可能性の双方が考えられる．高校生は卒業後の進路として就業を選択できる段階にあり，職業選択や学卒後のライフコース選択がそれ以前の時期と比較してより現実的な問題として迫ってくる時期である．この点から，母親の就業と子どもの実際の就業行動との関連に類似した関係性，すなわち母親の就業がプラスの影響を与えることが考えられる．しかしながら視点を変えると，高校生にとってどのような仕事に就くかやどのようなライフコースをたどるのかは，あくまでもイメージの域を出るものではないともいえる．その点では子どもが中学生の時期にみられるような，母親の就業が子どもにマイナスの影響を与えるという関連がみられる可能性も否定できない．そこで次の 2 つの仮説を立てることとする．

　　仮説 1 ：就業を継続してきた母親をもつ高校生は，自分自身や将来の配偶
　　　　　　者に対して就業継続を希望しやすい．
　　仮説 2 ：就業を継続してきた母親をもつ高校生は，自分自身や将来の配偶
　　　　　　者に対して就業継続を希望しにくい．

　仮説 1 は，母親が就業を継続してきた姿をみて「仕事と家事・育児の両立」が自分自身あるいは配偶者にも遂行可能なものであるというプラスのイメージが形成され，その結果自身の母親と同じように就業を継続することを望むのではないかという考えから導出されるものである．仮説 2 は，三輪哲・青山祐季（2014）が示唆しているように，母親の「仕事も家庭も」という姿が大きな負担を抱える女性の姿として認識される結果，自分自身や将来の配偶者の就業継続を避けようとすると考えられることから導かれる仮説である．以下では仮説検証のために用いる変数について説明したうえで，分析を展開していく．

第Ⅱ部　高校生の進路選択と家族・ジェンダー

3　分析に使用する変数

　分析で用いる変数について説明する．まず従属変数である高校生のライフコース展望については，第8章で第2の従属変数として用いられているものと同様の質問文を用いて操作化し，「就業継続希望」という変数とした[3]．具体的には，1＝「結婚後もずっと仕事を続ける[4]」，2＝「出産時に退職し，しばらくしてから再就職する」，3＝「出産時に退職し，その後は仕事をしない」，4＝「結婚時に退職し，しばらくしてから再就職する」，5＝「結婚時に退職し，その後は仕事をしない」，6＝「結婚しないでずっと仕事をもつ」という選択肢のうち，1を選択した場合には1，それ以外を選択した場合には0をとる二値変数を作成した．

　独立変数は以下のとおり．はじめに，母親のライフコースを示す変数として「母親就業経歴」変数を作成した．これは調査時点までの母親の就業経歴を「就業継続」と「退職後専業」と「退職後再就職」の3つに分類したものである[5]．また，母親の現在の職業を「専門・管理」，「事務・販売」，「熟練・農業」，「無職」の4つに分類した．さらに，出身階層を表現する指標として「父親学歴（教育年数に換算した値）」および「世帯収入（対数変換した値）」，高校生本人が家計の状況をどのように感じているかを表す「暮らしむき」変数をそれぞれ作成した．「暮らしむき」変数は1～5の値をとり，数値が大きくなるにつれて暮らしむきが豊かであると感じていることを意味している．高校生自身の属性や学業成績を表現する変数としては，「普通科A」，「普通科B」，「普通科C」および「専門学科」の4つに分類した「学校タイプ」，1～5の値をとり，数値が大きくなるにつれて成績が上位であることを示す「中学3年時の成績」を作成した．

4　母親がライフコース展望に与える影響

(1) 母親のライフコースと高校生のライフコース展望の分布

　はじめに，調査データ内の母親が現在までどのようなライフコースをたどっ

第9章　母親の就業経歴と高校生のライフコース展望

てきたのかと，その子どもである現代高校生のライフコース展望の分布を確認してみよう．なお，調査データ内の母親は1954年生まれから1976年生まれの女性である．

図9-1をみてみると，母親においては結婚時に退職してその後再就職している者が43.8％で最も多いことがわかる．次に多いのは就業を継続している母親(26.1％)，その次が出産時に退職をしてその後再就職している母親(20.0％)である．続いて高校生のライフコース展望をみてみると，母親が実際たどってきたライフコースとの違いがあることに気がつく．まず，女子では出産を機に退職してその後再就職することを希望している者が46.9％で最も多くなっている．続いて多いのが就業継続を希望する者(33.1％)で，この2パターンで全体の80.0％を占めている．男子の場合には自身のライフコースではなく「将来の配偶者」にどのようなライフコースを選択してほしいかとなるが，その結果をみてみると，出産を機に退職して専業主婦となってほしいと考えている者が女子に比べて多いものの，出産を機に退職してその後再就職を選択してほしいという者(40.3％)，就業を継続してほしいと考えている者(29.4％)が大半であるこ

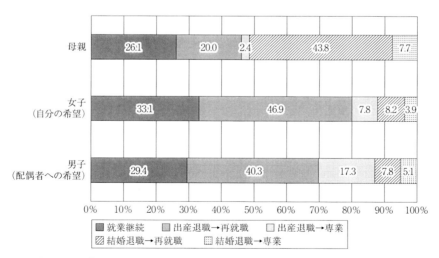

注：調査データより筆者が算出．なお，母親は上記に当てはまらないライフコースの者を，高校生は結婚しないことを希望する者や無回答者をそれぞれ除外している．

図9-1　母親のライフコースと高校生のライフコース展望

とがわかる.

　現代高校生のライフコース展望と母親が実際に歩んできたライフコースを比べてみた結果，高校生は就業を継続することや出産を機に退職してその後再就職するというライフコースを希望している者が多いのに対して，母親は結婚時に退職（いわゆる寿退社）し，その後再就職した者が多い．母親たちの世代とは異なり，現代の高校生にとって「結婚」というライフイベントは退職の契機とはなりにくく，どうしても職場を離れる必要がある「出産」というライフイベントをライフコースの分岐点と考える場合が多いようである．

(2) 母親の就業経歴と男子高校生のライフコース展望

　前項の基礎的な分析をふまえたうえで，本項と次項では高校生の性別ごとにロジスティック回帰分析を行った結果を示す．まず表9-1は，男子が将来の配偶者に就業継続を希望するかどうかに対する母親の就業経歴の影響を検討した結果である．モデル1をみてみると，母親就業経歴変数のうち就業継続ダミーが統計的に有意なプラスの効果をもっている．すなわち母親がこれまで就業を継続してきた男子の方が，いったん退職しその後再就職している母親をもつ男子に比べて，将来の配偶者に就業継続を希望しやすいということである．一方，母親が退職後専業主婦となっていることと，配偶者に対する就業継続希望の間には関連がみられなかった．

　モデル2では，学校タイプや出身階層変数などをモデルに追加投入している．この結果，他の要因を統制しても，母親が就業を継続してきた場合には配偶者に就業継続を希望しやすいことが明らかとなった．加えて，母親が現在事務・販売職に従事していたり，熟練・農業職に従事している場合には無職の母親をもつ場合に比べて就業継続を希望しにくいことも示された．

　最後にモデル3では，暮らしむき変数を投入している．暮らしむきの係数が統計的に有意なマイナスの効果をもっていることから，暮らしむきが豊かであると感じている男子ほど，将来の配偶者に対して就業継続を希望しにくいといえる．また，母親が退職後に専業主婦の場合に就業継続を希望しにくい傾向がみられ，専門学科に通っている男子が将来の配偶者に対して就業継続を希望しやすい傾向もみられた．そしてモデル1やモデル2の場合と同様に，母親就業

表 9-1 将来の配偶者に対する就業継続希望の規定要因

	モデル 1	モデル 2	モデル 3
母親就業経歴（基準：退職後再就職）			
就業継続	0.663**	0.622*	0.619*
	(0.250)	(0.260)	(0.262)
退職後専業	−0.417	−0.708	−0.739†
	(0.378)	(0.444)	(0.445)
学校タイプ（基準：普通科C）			
普通科A		−0.319	−0.298
		(0.354)	(0.354)
普通科B		−0.192	−0.132
		(0.323)	(0.326)
専門学科		0.492	0.544†
		(0.317)	(0.321)
世帯収入（対数変換）		−0.032	0.155
		(0.282)	(0.297)
暮らしむき			−0.290*
			(0.139)
母親現職（基準：無職）			
専門・管理		0.302	0.315
		(0.381)	(0.383)
事務・販売		−0.741*	−0.790*
		(0.339)	(0.341)
熟練・農業		−0.833*	−0.896*
		(0.388)	(0.389)
父親学歴		0.041	0.042
		(0.060)	(0.060)
中学3年時成績		−0.022	−0.010
		(0.109)	(0.110)
定数項	−0.969***	−0.825	−1.107
	(0.134)	(1.815)	(1.820)
−2LL	504.815	481.380	476.881
N		422	

注1：数値は係数，括弧内は標準誤差．
　2：† $p<0.10$，* $p<0.05$，** $p<0.01$．

継続ダミーが統計的に有意なプラスの効果を示している．他の要因を統制しても，母親が就業を継続してきた男子は将来の配偶者に就業継続を希望しやすいということが示された．

(3) 母親の就業経歴と女子高校生のライフコース展望

続いて，女子高校生が自分自身の将来についてどのような展望を抱いているのかと母親の就業経歴の関連をみていく．表9-2に示してあるのが，前項と同

表9-2 就業継続希望の規定要因

	モデル1	モデル2	モデル3
母親就業経歴（基準：退職後再就職）			
就業継続	0.606 *	0.641 **	0.632 **
	(0.262)	(0.267)	(0.268)
退職後専業	0.266	0.263	0.276
	(0.317)	(0.366)	(0.367)
学校タイプ（基準：普通科C）			
普通科A		−0.317	−0.309
		(0.342)	(0.342)
普通科B		−0.399	−0.403
		(0.311)	(0.311)
専門学科		0.169	0.157
		(0.321)	(0.322)
世帯収入（対数変換）		0.006	0.043
		(0.279)	(0.291)
暮らしむき			−0.056
			(0.128)
母親現職（基準：無職）			
専門・管理		−0.343	−0.327
		(0.422)	(0.423)
事務・販売		0.108	0.122
		(0.306)	(0.308)
熟練・農業		0.189	0.195
		(0.357)	(0.357)
父親学歴		0.110 †	0.112 †
		(0.058)	(0.058)
中学3年時成績		0.153	0.152
		(0.112)	(0.112)
定数項	−0.959 ***	−2.996	−3.088 †
	(0.130)	(1.822)	(1.835)
−2LL	526.538	517.969	517.773
N		430	

注1：数値は係数．括弧内は標準誤差．
　2：† $p<0.10$, * $p<0.05$, ** $p<0.01$.

様にロジスティック回帰分析を行った結果である．まずモデル1をみてみると，母親の就業継続が統計的に有意なプラスの効果を示している．このことより，男子と同様女子においても母親がずっと仕事を継続している場合には，退職してその後再就職という経歴の母親をもつ女子に比べて，自身も就業継続を希望しやすいということがいえる．

また，モデル2では学校タイプなどを追加投入している．この結果より，他の変数を統制しても母親の就業継続が女子の将来の就業継続希望に統計的に有

意なプラスの効果をもつことが明らかとなった．加えて，父親の学歴が高くなるほどに就業継続を希望しやすくなる傾向もうかがえた．男子の場合と異なり，母親の現在の職業の効果はみとめられなかった．

そしてモデル3では，主観的な暮らしむきを分析に追加投入している．男子の結果と異なり，暮らしむきは就業継続希望に影響を与えていない．また，暮らしむき変数を投入しても母親の就業継続や父親の学歴の効果が変わらずにみられることも明らかとなっている．以上の分析結果をまとめると，女子の場合，学校タイプや母親の現在の職業，暮らしむきなどは将来のライフコース展望に影響を与えていないが，就業を継続してきた母親がいると自身も就業継続を希望するということがいえる．また男子の分析結果では効果がみられなかった父親の学歴が影響をもっており，女子においては出身階層と就業継続希望との間に関連がある可能性が示唆された．

5 ロールモデルとしての「働く母親」

本章では，母親のライフコース選択が子どものライフコース展望にどのような影響を及ぼすのかについて検討を行った．得られた知見のうち最も重要なのは，就業を継続している母親をもつ高校生は，男子ならば将来の配偶者のライフコースについて，女子ならば自分自身のライフコースについて，母親と同じように就業継続を希望しやすいということである（＝男女ともに仮説1が支持される）．またこの結果は，学校タイプや出身階層を考慮したうえでも確認された．これらのことから，高校生にとって「仕事も家庭も」という母親の姿は，仕事と家事・育児の両立が自分や配偶者にも実現できるものだというプラスのイメージを形成するようなロールモデルとして機能していると考えられる．

加えて注目すべきなのが，男子において暮らしむきと将来の配偶者に対する就業継続希望との間にマイナスの関連がみられた一方で，女子にはそれがみられなかったことである．今回用いた暮らしむき変数は高校生本人の「主観的な」暮らしむきを表現するものであった．実際の家計の状況を示す世帯収入には効果がみとめられなかったこともあり，この結果は非常に興味深いものである．このような結果が得られた背景には，男子高校生が「（今現在，実感してい

るのと同じ水準くらいの）経済的にゆとりのある家庭を築くことができれば，女性（＝将来の妻）は就業を継続する必要がない」という性別役割分業的な意識をもっている可能性があると考えられる．男子高校生におけるライフコース展望の規定要因として，「配偶者自身に何を望むか」ということよりも配偶者と「どのような家庭を築きたいか」が大きい役割を担っているといえよう．

　他方女子にかんしては自分自身が「仕事も家庭も」というキャリアを志向するならば，いくら家計が潤っていたとしても就業継続を希望すると考えられる．つまり，女子高校生の考える就業継続は，「家計から独立した選択によるもの」であるのに対し，男子高校生にとっては配偶者の就業継続は「家計状況に依存して決められるもの」だという認識があるということである．性別による違いは，女子と男子の間のこのような差異を反映したものであると考えられる．

　最後に今後の課題をいくつかあげておきたい．まず，本章では母親がどのような就業経歴をたどってきたのかという点に焦点を当てているが，具体的にどのような職種・業務内容を経験してきたのかというところまでは踏み込めていない．職種によって就業の継続しやすさが異なっていることも考えられるため，それを考慮した分析が求められる．また，母親の就業経歴だけではなく，母親や高校生本人がどのような性別役割分業意識をもっているかということも今後のライフコースをイメージするうえで大きく影響していると考えられる．実際の就業経歴と意識を同時に検討することが必要であろう．

注
1) 総務省統計局「労働力調査特別調査」（1980 ～ 2001 年）および「労働力調査（詳細集計）」（2002 ～ 2014 年）によると，1980 年には男性雇用者と無業の妻からなる世帯の数が 1114 万世帯，雇用者の共働き世帯が 614 万世帯であった．世帯数の逆転現象が生じた 1991 年には男性雇用者と無業の妻からなる世帯の数が 914 万世帯，雇用者の共働き世帯が 903 万世帯となっていた．
2) ただし 2012 年には賛成割合が全体的に増加している．これが 2012 年のみの一時的な特徴なのか，あるいは今後も賛成割合が増加していくのかということについては，引き続き蓄積されていくデータを注意深く確認していく必要があろう．
3) この質問文では第 8 章に示されているとおり，男子に対する文章と女子に対する文章が異なっている．男子については「将来の配偶者に対する希望」が，

女子については「自分自身に対する将来の希望」が尋ねられている.
4)「結婚後も仕事を続ける」というのは，結婚だけではなく出産による退職もすることなく就業を継続することを意味している.
5) 母親のライフコース変数を作成するにあたっては，母親票より母親の初職や初職離職理由，子どもの年齢段階ごとの働き方，現在の職業といった情報を組み合わせて3つのカテゴリに分類した.

文献

Cooksey, Elizabeth C., Elizabeth G. Menaghan and Susan M. Jekielek, 1997, "Life-Course Effects of Work and Family Circumstances on Children," *Social Foces*, 76(2): 637-67.

Crouter, Ann C., Matthew F. Bumpus, Mary C. Maguire and Susan M. McHale, 1999, "Linking Parents's Work Pressure and Adolescents' Well-Being: Insight into Dynamic in Dual-Earner Families," *Developmental Psychology*, 22(3): 291-96.

Galambos, Nancy L., Heather A. Sears, David M. Almeida and Giselle C. Kolaric, 1995, "Parents' Work Overload and Problem Behavior in Young Adolescents," *Journal of Research on Adolescence*, 5(2): 201-23.

樋口恵子，1984，『共働き世帯の子育て――共働きは非行の温床か』フレーベル館.

Kawaguchi, Daiji and Miyazaki, Junko, 2009, "Working Mother's and Son's Preferences regarding Female Labor Supply: Direct Evidence from Stated Preferences," *Journal of Population Economics*, 22: 115-30.

MacDermid, Shelley M. and Margaret L. Williams, 1997, "A Within-Industry Comparison of Employed Mothers' Experiences in Small and Large Workplaces," *Journal of Family Issues*, 18(5): 545-66.

三輪哲・青山祐季，2014，「子どもの意識に対する母親の働き方の影響の再検討」『東北大学大学院教育学研究科研究年報』62(2): 19-36.

森岡清美，1997，「家族の役割構造」『新しい家族社会学 四訂版』培風館，90-100.

斧出節子，2009，「現実としての子どもの社会化」野々山久也編『論点ハンドブック 家族社会学』世界思想社，197-200.

袖井孝子，1993，『共働き家族』家政教育社.

末盛慶，2002，「母親の就業は子どもに影響を及ぼすのか――職業経歴による差異」『家族社会学研究』13(2): 103-22.

Tanaka, Ryuichi, 2008, "The Gender-Asymmetric Effects of Working Mothers on Children's Education: Evidence from Japan," *Journal of the Japanese and International Economies*, 22: 586-604.

終　章

親子調査からみえてきた課題
近年の高校教育と親子関係の変化をふまえて

中澤　渉

1　学校と家庭の関係を振り返る

　本書では，2010年代の高校生を取り巻く生活環境，進路選択，そして学校や親子関係の影響を受けた高校生とその母親の意識などについて検討してきた．本書の知見をもとに，この親子調査によって浮き彫りになった今後の研究課題について考えるのが本章の課題である．そこで本書の調査の柱である高校生活と親子関係の2つのテーマについて，日本の研究動向をまとめておきたい．

(1) これまでの教育社会学における高校研究の流れ

　旧制中学・高等女学校・実業学校を前身としつつ戦後発足した新制高校は，当初進学率が50％にも満たなかった．しかし進学意欲（需要）の高まりに応えた急激な高校教育の拡大により，高校進学率は1970年代に90％を超えた．中卒者のほぼ全員が進学するようになった高校には，それ以前にみられなかった問題が出現するようになる．

　いわゆる高校三原則（男女共学・小学区制・総合制）は，若干の例外はあるものの十分に達成されることはなく，上級学校への進学熱の高まりに任せて（さらにいえば，財政的制約もあって）とくに都市部で「普通科」の新設校が次々と建設された．高度成長期から進学に不利とされる職業系高校と普通科高校との学力の格差が問題とされてきており，少しでも意欲の高い生徒を集めようと，

終　章　親子調査からみえてきた課題

職業学科では推薦入学制度を逸早く採用するなどの措置が取られてきたが（中澤 2007），その後普通科高校内の格差も問題になってきた（門脇・陣内編 1992）．

　こうした中でアメリカからトラッキングの概念が紹介され（藤田 1980），日本ではトラッキングが高校間の学力（入試難易度）に基づく学校間格差に当てはめて理解されるようになる（LeTendre et al. 2003）．そして大型計算機の発達もあり，学校経由で質問紙を配布し，学校の格差と，それぞれの学校経営の違いやそこから生じる生徒文化の差異を浮き彫りにしようとする研究が次々と現れた（松原他 1981; 耳塚 1980; 米川 1978）．

　第二次ベビーブームのピークは 1973 年生まれであり，その後は子どもの数が急減する．当然のことながら，こうした人口学的要因は，入試などの選抜や競争のあり方，高等教育機関の社会的意義に変化をもたらすことになる（岩木 1991）．1990 年代以降，高校は個性尊重の多様化教育を推進するが，これは臨教審以降の規制緩和・自由化路線が徐々に浸透し，そうしたイデオロギーがじわじわ浸透していったという側面もあるが，少子化により高校が魅力を打ち出して生徒を確実に確保しなければならない，という要素も見逃してはならない[1]．これにより，1970 年代に設置された新設の普通科高校が深刻な問題を抱えることになった．日本経済の不景気もあり，労働市場における高卒者へのニーズが減る中で，労働市場との実績関係を持たない（築きにくい）新しい普通科高校では，進学もせず（できず），無業やフリーターといった不安定な地位のままで卒業してゆく生徒が急増した（粒来 1997）．職業系高校も問題がないわけではなく，少子化により進学率が上昇したことや，高卒の就職口の減少もあって，職業系高校の内部でも進学と就職のニーズが分かれ，結果的に職業教育が中途半端になるという状況が起こった（樋田 2014; 本田 2014）．

　こうした中で，高校間の（学力格差に基づく）階層構造や選抜のプロセスのあり方は基本的に維持されていたが，学校間に見出された生徒文化の違いは見出しにくくなっていった（尾嶋編 2001; 樋田編 2000）．つまり 1980 年代では，学校ランクに対応して，偏差値の高い上位進学校では学校に順応的な「向学校的下位文化（サブカルチャー）」が浸透し，ランクが下がると学校に対して反抗的であったり，無気力であったりする「反学校的下位文化」や「脱学校的下位文化」が主流となるというような対応関係が見出せた（岩木・耳塚 1983）．しかしそうした学校

ランクと生徒文化の対応関係が，1990年代後半にははっきりしなくなっていったのである．こうした変化を樋田大二郎は「輪切り選抜的な階層トラッキングの弛緩」と，一部のエリート校とそれ以外に上下に二極分化した「お鏡餅構造」と表現した（樋田 2014）．

少子化により高等教育進学率は上昇傾向にあり，しかも日本の高等教育は大きく私学セクターに依存している．私学は経営の問題を抱えているがゆえに，一旦広げた定員枠を縮小するインセンティブは持ちにくい．さらに画一的な選抜が批判されてきたため，試験一発型の入試で入学する学生が減少し，受験競争圧力が低下する（本書の第4章；中村 2011）．結果的に，ごく一部のエリート校を除けば，高校までの学習が疎かなまま上級学校に進学するということが珍しくなくなる（耳塚 2014；坂野 2009）．2000年代前半に指摘された「インセンティブ・ディバイド」や「学習時間の二極分化・減少」（苅谷 2001）は，そうした時代背景をもとに解釈することが可能であり，本書の第2章で触れたような学校不適応的な進学者が増加することになる．

ただし人口減以前の受験競争に対する批判に応えるために，2003年（小中学校では2002年）から施行された学習指導要領は，いわゆる「ゆとり教育」を体現したものとみなされた．しかし「OECD（経済協力開発機構）生徒の学習到達度調査（Programme for International Student Assessment，通称はPISA）」などの国際比較調査における日本の順位の低下が「学力低下」の象徴とされ，ゆとり教育は強い批判を浴びることになった．2009年（小中学校は2008年）に公示された新しい学習指導要領は，その批判を踏まえた「脱ゆとり」教育とみられているが，高校生に適用されるのは2013年度入学生からであるため，本書の高校生は該当しない．これらの政策変化が教育現場にもたらす影響は未知数だが，一方で人口減による進学競争の緩和傾向は現在も持続している．

(2) 母親の置かれた立場・環境の変化

本書で扱われたデータの母親は，1954年生まれから1976年生まれであり，調査時点での年齢は36～58歳になる．年齢幅は20歳を超えるが，43歳から49歳（1963～1969年生まれ）でサンプル全体の7割弱を占めており，分布は比較的きれいな正規分布状をなしている．ちなみに1963年生まれの大卒女性

終　章　親子調査からみえてきた課題

は，現役で進学した場合，男女雇用機会均等法が適用された最初の世代に属する[2]．戦後日本では性別役割分業を前提に，女性を家事・育児の主たる担い手とみなして結婚を機に退職するという現象がしばしばみられた．それゆえ結婚・出産・育児のタイミングにあたる20代から30代に女性の就業率が低下するため，女性の就業率を折れ線グラフ化すると，20代から30代に「谷」が形成される「M字型就労曲線」が形成された．M字の「谷」は近年徐々に高まる傾向にはあるが，日本では現在でも依然観察されている（本書の第8章；平田2011）．そして女性のライフコースを検討すると，晩婚化で（特に高学歴女性において）離職率は低下する傾向にあるが，一方で結婚前の就業者の地位の分化（正規雇用と非正規雇用）が起こっているのが最近の特徴であるという（岩井2011）．男女雇用機会均等法施行後，女性の就業率は確かに高まったが，それは女性の未婚率が高まったこと（あるいは晩婚化が進んだこと）による．このことが「女性の社会進出」を「非婚化」「少子化」の原因と見なす議論の根拠となっているわけだが，端的にいえば日本の会社（労働市場）はそれまでの男性同様に，家庭やプライベートを捨てて会社人間になることで平等とみなされるのであって，結婚生活やプライベートを犠牲にしてまで働くこと自体が問題視されているわけではない．そして専ら家事労働が女性によって担われている状況が変わらないため，有配偶女性の正規就業は増えていない．その点で男女雇用機会均等法が，女性の家事労働負担を軽減化した上でのキャリアアップに貢献した，と評価できるかは疑わしいといわざるを得ない（安部2011）．

　図終-1は総務省の「労働力調査」から，夫婦家族世帯のうち，妻が専業主婦（統計表の上では「非労働力」として分類）の世帯の割合を年齢階級別に示したものである．図で示した最も古い年度である2000年において，調査対象となった母親の年齢は24～46歳であった．全体として曲線は右下がり傾向にあり，専業主婦世帯は減っているといえるが，とくに減り方が大きいのが25～34歳のグループである．つまり本調査の対象となっている母親の，相対的に若い年齢層においては，いわゆる専業主婦が減っていると推測できる（第9章も参照）．

　本書の第9章の図9-1に，本調査における母親の結婚後の働き方についての回答がまとめられているが，結婚・出産にかかわらずずっと働き続けていた母

終　章　親子調査からみえてきた課題

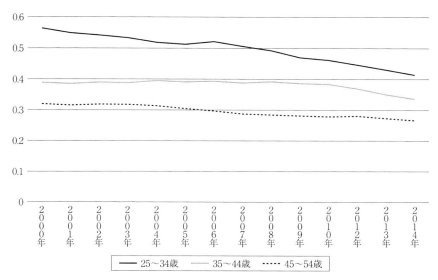

注：「労働力調査」．

図終-1　夫と妻のいる世帯のうち，妻が専業主婦の世帯の割合の推移

親は本調査のサンプル全体の4分の1程度である．裏を返せば，4分の3の母親は結婚・出産を機に仕事を辞めた経験があるということである．図表は省略するが，確かに若年世代ほど，出産前後でもフルタイム就業を継続してきた母親が増える傾向があるようにみえるものの，男女雇用機会均等法の前後で明確な変化が起こっているといえるようなものではない．それは時代や環境の変化に応じて，就業継続している女性が徐々に増えているようにみえるという程度であり，統計的に有意な変化とは結論づけることができない[3]．そう考えると20年という年齢幅はあるが，就業継続をしている母親が若干若い世代に多いという以外，基本的に結婚を機に退職し，子育てに専念した後に再度働き始めた，という母親がサンプルの多くを占めていることになる．

　さて，この調査のデータを読み取るときに注意が必要なのは，サンプル抽出を高校2年生の子に合わせているということである．したがってこのデータから母親（女性）の動向を読み取る際には，当然その母親と同世代の未婚女性や，子どもが高校2年生ではないケースはサンプルから除かれていることに注意が

必要である[4]．その意味で，全女性の動向を代表しているわけではない．もちろん夫婦世帯でも，妻が専業主婦という家庭は減少しているが，上述のように女性（母親）にとって結婚・出産後もキャリアを継続しやすい環境になっているわけではない．むしろ就業継続する女性にとっては，仕事と家庭の両方の責任を負わせる過重な負担構造ができているのかもしれない．

また一般的に，学歴の高い女性ほど結婚や出産のタイミングが遅れる傾向があり，子どもの年齢（学年）を一定にすれば，高学歴の母親は平均年齢が高くなる[5]．また一般に，若い世代ほど高学歴化が進んでいる．このデータでは，（高校生の学年は同じでも）高学歴の母親ほど年齢が高くなる傾向がある．したがって高学歴化という一般的な流れとは逆に，若い母親ほど中・高校卒が多くなっているという点は，解釈の際に注意した方がよい．

本調査のデータからはそれほど明瞭とはいえないが，確かに母親の学歴が高いほど，子どもの数が3人以上である割合が小さくなる傾向もうかがわれる．高学歴であるほど結婚のタイミングが遅れることが，夫婦あたりの子どもの数の減る1つの要因であろう．そして夫婦の学歴（学校段階）は一致する可能性が高く，親学歴の高さと家庭の経済水準には正の相関がある．そして親の年齢が高いことも，収入の多さの1つの要因となる．つまり子どもの年齢を統制した場合，親の学歴が高ければ彼らの年齢も高い傾向があり，結果的に収入も多くなるだろう．一方できょうだい数が高学歴夫婦ほど少なくなるとすれば，子ども1人あたりの教育投資額は多くなるはずである．実際，きょうだい数の多さは学校外教育投資に負の影響を与えると報告されている（片瀬・平沢 2008）．以上の要因を総合すると，現在のような教育費の高騰する日本社会のもとでは，みかけ以上に高等教育機会の不平等や格差が生じる可能性がある．高学歴化が進み進学率が上昇したといっても，高校がそうだったように，大学間にも社会的評判や入学難易度の違いがあるし，「どの大学」に行くかをめぐる競争がなくなったわけではない．そしてその進路選択へ家庭が影響するメカニズムは十分に明らかにされているわけではない．つまり家庭，階層，親子関係と進路選択というテーマは，依然重要なものであり続けているということである．

2 教育達成の格差を生む原因——学校外教育への投資という視点から

(1) 分析の課題と変数の扱い

　ここまで，学校（とくに高校）と家庭環境（特に母親との関係）から浮上する問題点を整理してきた．日本の高校教育を扱う際，それはトラッキング構造を前提とした生徒文化や指導方法の違いにより異なる社会化が行われることは否定できないが，やはり高校入試の果たす役割は見逃せない．従来から言われてきたように，日本の学校，特に中等教育以降では，学校現場においてテスト文化が浸透している．つまり定期的に実施されるテストによって，生徒はある程度自分の成績の相対的位置を知ることになる．このことで生徒は，既にできあがった学校ランキングの階層構造をもつ高校の中から，「実力相応」の志望校を自分で選択してゆくのである（Kariya and Rosenbaum 1987）．したがってごく一部の頂点に立つ学校に，すべての生徒が殺到するというような表現は，明らかに日本の入試の実情を表現したものではない．そう考えると，生徒たちは高校に入学する前までに一定の将来に対する志向性，学習態度などを身につけているのであって，高校入試は選別を行う一種の「儀式」や「通過点」に過ぎず，高校入学後の社会化の影響はさほど大きくないのかもしれない．

　つまり調査時点だけではなく，それ以前の教育に対するコミットメントに着目する必要がある．本調査でもいくつか，高校入学前の教育に対する態度を（主観的な判断だが）尋ねた項目がある．そこで教育に対する家庭の態度の違いが鮮明に浮上すると思われる「学校外教育の費用」に着目したい．

　本調査では，調査対象となる高校2年生の生徒が①小学校入学前，②小学校6年時，③中学校3年時，そして④高校2年時（調査時点現在）のそれぞれについて，塾や通信添削，家庭教師などの学校外教育に1ヵ月平均いくらかけてきたかを母親に実数で尋ねている[6]．学校外教育を受けさせていなければ，0が記入される．本調査はパネル調査ではないため，過去のデータは回顧に基づくものであり，信頼性という点では問題がある．ただし利用可能なデータをできるだけ有効活用し，いかなる社会的背景が学校外教育への費用を規定するかについて，やや暫定的な議論になるが，検討しておきたい．

終　章　親子調査からみえてきた課題

　なお費用を従属変数として回帰分析を行う際，従属変数は正の値しかとりえない．しかも学校外経験がなければ値は常に0であり，その分布を考えれば線型回帰を機械的に適用するのは適切ではない．そうした「学校外教育費の観察されないケース（費用は0円）」が存在するような場合，そのデータを「打ち切り（censored）データ」とよぶが，本章では打ち切りを考慮した回帰分析であるトービット・モデル（tobit model）を推定する．

　ジャクソン（Jackson, M.）は，教育機会の格差の生じるメカニズムを検討する中で，その要因として次の6つをあげる．それは①生得的な能力，②家庭環境とそれがもつ経済・文化・社会関係資本，③健康や栄養の状態，④きょうだい数，⑤学校で提供される教育内容の文化的バイアス，⑥学校環境で育まれる社会心理的要素（アスピレーションなど）である（Jackson 2013）．①は測定の方法がないので別として，②〜④は主として家庭，⑤と⑥は学校の問題である．ただし③について扱える変数が調査に含まれていないので除くことにして，それ以外の家庭的要素をトービット・モデルに入れて推定しよう．⑤と⑥の過去の情報は調査に含まれないこと，（私立に通っていた場合は別だが）高校入試での選別前は義務教育で，基本的に学校間の差異は大きくないことが建て前だから，学校関係の変数は原則として分析には含めない．

　家庭における階層的要因は，通常親学歴や父職，収入などが考慮される．ただしこれらの変数の情報は，基本的に調査時点（対象者が高校2年生時点）のものしか把握できていない．したがって親学歴はすでに確定しているものとみなして母親学歴（「中学・高校・専門学校」と「短大・大学・大学院」に二分）を考えることにし，父職については以前と大きく変わっていないと仮定して，調査時点のものについて国際比較研究で用いられる分類に基づき，「専門・事務・自営を含む販売・農業」「熟練・非熟練・半熟練（ブルーカラー）」「無職・父がいない」の3つに分類したものを考慮する．きょうだい数（調査対象者の高校2年生を含む）については，回答のあった数値をそのまま入れた．収入についても，過去の正確な世帯収入はわからないため，過去の学校外教育費の分析については「暮らし向き」変数で代用した．これも結局は調査時点の評価なので父職と同じ問題を抱えているが，暮らし向きという主観的かつ曖昧さのある変数であるがゆえに，むしろ長期的にみれば安定して推移しているのではないかと

判断してのものである．分析では5段階の回答を3段階に変換して使用している．なお，高校2年時点のモデルについては，現在の世帯収入を使用できるので，その変数を使用した．文化的資源としては，同様に調査時点のものという限界はあるが，本の数を説明変数に含めた．

これ以外の統制変数としては，母親の年齢と，高校2年生の生徒の性別を考慮している．性別によって，教育期待に差がある可能性を考えてのものである．

(2) 学校外教育に与える家庭環境の影響

表終-1が分析結果である．中学校3年時は，左センサーされたサンプルの数をみるとわかるように，学校外教育の経験のない生徒は少数派となる．その中学校3年時をみると，暮らし向きという家庭の経済的資源に関する変数が有意となっている．かなり多くの生徒が学校外教育に（高校受験前に）頼っているのが実情だが，その中で家庭の経済状況が学校外教育の有無に影響を与えてきた可能性が示唆されている．

それ以外の段階に着目すると，共通しているのはきょうだい数の負の影響である．つまり先行研究で示されているように（片瀬・平沢 2008），きょうだい数が多ければ学校外教育に費やす費用が減少するということである．そしてどの変数が有意かに多少の違いはあるが，概して母親学歴が高い，収入や暮らし向きの程度がよい，そして本といった文化的資産を多く有する家庭の子は，学校外教育に多くの金額がかけられていることがわかる．

上述のように，中学校以前の学校外教育の分析については，説明変数の多くが調査時点に測定したもので，従属変数との時間的前後関係に問題があるため，この結果は1つの目安に過ぎないと考えることにし，ここではより正確な推定結果となっている高校2年時（調査時点）をクローズアップしてみよう．いくら上級学校への進学率が上昇してきたとはいえ，その進学先は四年制大学だけではなく，短大や専門学校が含まれ，しかも選抜性（入試の難易度）もさまざまである．したがって早い段階から塾や予備校で受験準備を進める生徒は，その進学率の高さに比して限定されてくると思われる．

表終-1で示されている高校2年のモデルに高校の難易度（偏差値）を入れると，偏差値は1%水準で有意な影響を与える（高い偏差値ほど学校外教育費が高

終　章　親子調査からみえてきた課題

表終-1　学校外教育費を従属変数とするトービット分析の推定結果

	小学校入学前		小学校6年		中学校3年		高校2年	
	係数	標準誤差	係数	標準誤差	係数	標準誤差	係数	標準誤差
性別（基準：女子）								
男子	−561.0	1017.5	−3509.4	1918.9 +	−1694.5	2298.9	−3534.0	3233.6
母の年齢（連続量）	98.8	144.4	646.9	277.4 *	84.2	330.5	−206.9	479.6
母学歴								
（基準：高卒・専門以下）								
短大・大学以上	1136.7	1072.5	4786.2	2023.7 **	−1773.3	2438.2	10640.8	3406.9 **
子どもの数	−1424.9	707.9 *	−4410.3	1338.1 **	−241.7	1574.0	−7934.5	2289.1 **
世帯収入								
（基準：400万以下）								
500万くらい							10271.0	5960.9 +
700万くらい							13109.4	5674.4 *
900万以上							25054.4	5765.0 **
暮らし向き								
（基準：貧しい）								
豊か	164.6	1704.1	9278.9	3153.8 **	9469.6	3807.9 *		
普通	816.7	1296.5	699.9	2484.2	5914.3	2918.8 *		
父職								
（基準：専門・事務・自営）								
ブルーカラー職	898.7	1242.3	2314.6	2348.1	−4026.0	2813.4	−1840.8	4091.6
無職・母子家庭	−248.3	2491.8	−5394.6	4812.5	−7610.8	5501.4	−11150.8	9439.4
本の数								
（基準：〜25冊）								
26〜100冊	2384.4	1316.4 +	2238.5	2417.7	2519.6	2850.8	3774.2	4075.6
101冊以上	3817.0	1463.0 **	7325.3	2712.9 **	−2504.3	3281.6	2304.7	4591.7
定数項	−12295.0	6878.6 +	−27101.0	13216.7 *	10239.4	15641.8	−10009.8	22713.7
対数尤度	−2985.2		−6957.0		−9988.2		−4057.8	
疑似決定係数	.003		.005		.001		.009	
N（分析対象サンプル）	954		995		1015		947	
左センサーされたサンプル	706		420		189		634	

注1：いずれの説明変数も調査時点のものであるため，小学校入学前〜中学校3年のモデルでは従属変数と独立変数の時間的関係が逆転しており，本来は正確な推定モデルとは言えない．あくまで一つの目安として見てほしい．
　2：+ p <.10．* p <.05．** p <.01．

い・結果は省略）．しかし高校ランクで，すべての階層の効果が消えるわけではない．母学歴の係数が有意でなくなる以外は，子ども数（きょうだい数）と収入の影響は残ったままであった．確かに高校入試による選別は一定の影響を及ぼしているだろうが，その選別をくぐり抜けた後も，きょうだい数や家庭の経済状況といった家庭環境は，学校外教育という具体的な教育経験に対し影響を与え続けているのである．

終　章　親子調査からみえてきた課題

3　今後の親子調査に向けて

　本書の基底にある問題意識を一言で述べるならば，やはり教育達成や進路決定の階層間格差を起こさせるメカニズム，ということになろう．一般的に日本は進路選択において学校の成績の影響が非常に大きいため（そして成績と出身階層である社会経済変数との相関もみられるのが普通だが），教育達成の差はその成績差によってかなり説明できそうだと予想できるかもしれない．しかし第1章の分析に基づけば，現代日本の高校生においても，将来の教育期待に関して成績差に還元されない社会経済変数の影響（つまりブードン（Boudon, R.）のいう第2次効果）が残る．それゆえそのメカニズムの内実が検討されなければならない，ということになる．したがってそれは，第6章のような母子関係への注目へとつながる．また本書の第8章，第9章や本章でも述べたように，日本の労働環境は依然家事・育児との両立を行いにくい環境下にあり，とくにこれまで家事・育児労働を担ってくることの多かった（あるいはそうすべきと社会的に考えられてきた）女性（母親）の生き方，働き方が，子どもの意識（とくに進路選択や将来像）に影響することも考えられる．若者にとって閉塞的な日本社会（とくに日本の労働市場）は，そうした閉塞的な雰囲気から脱出しようと，数は少ないものの一定程度の海外志向を生む．その閉塞的な状況の1つが，欧米に比して強固に根付く性別役割分業観であり，このことがとくに女性にとって社会的な活躍の場を得るための大きな足枷となっている．結果的にジェンダー平等意識を強くもつ者は，より強い海外志向を抱く傾向がある（本書の第7章）．つまり日本では，早い段階から性差を前提にした社会化がしばしば観察されることとなり，その社会化の影響を強く受けたり，逆にそれを乗り越えようとする動きも存在する．そうした動きは，単に家庭や母親自身の価値観だけではなく，労働市場のあり方など多くの要因が絡み合って生じるのである．

　また労働市場との関連でいえば，経済のグローバル化などにより将来の見通しが立てにくくなっているにもかかわらず，学校では自分をみつめて理解し，やりたいことをみつけてその目標に向かって努力するという前提に立つキャリア教育が浸透している．しかし一般的に日本の労働市場は職務の定めのない雇

終　章　親子調査からみえてきた課題

用契約という特徴があり（濱口 2014），そうしたキャリア教育の考え方は実態との矛盾がある（児美川 2013）．この矛盾を放置したまま現行のキャリア教育が推進されれば，結果的に仕事内容のみえやすい専門・技術職をあげる傾向が強まるのは当然ともいえる（本書の第5章）．これがどこまで日本的特徴といえるかは今後の検討が必要だが，たとえば教育達成の格差が生じるメカニズムとして近年ヨーロッパで注目されている相対的リスク回避説（Breen and Goldthorpe 1997）は，親の職業階級を念頭に置いた合理的選択モデルの一種であり，日本の高校生にどこまであてはまるのかは議論の余地がある．本書の第3章にあるように，親が専門職である場合，子も親の職業を意識した専門の選択をしやすい傾向はあるようだが，日本とヨーロッパ社会の「階級（階層）」概念の捉え方の違い，社会階層と労働市場の関連性の違いなど，検討すべき課題は多い．

　そして高等教育進学率の上昇により，高度成長期における高校でみられたような高等教育の「大衆化」が出現している．それに対応した選抜が，推薦入試やAO入試ということになりがちである（本書の第4章）．高卒労働市場の縮小により，大学進学希望者は学校適応層と不適応層に二分されることになり（本書の第2章），それが選抜制度の運用とも関連してくる．少子化により生徒獲得競争が強まる中で，とくに受験生を惹きつけにくい大学ほど，推薦入学やAO入試に頼りがちになり，しかもそれらは名目上の選抜に過ぎず，高等教育進学後に問題を起こすことも多いと思われる．こうした問題点は既に言説レベルで多く論じられているところであるが，実は入試選抜方法と進路選択を関連させた分析，大学進学希望者層（とくに不適応層）の内実に迫った実証研究は，案外少ないのである．したがって地道なデータの蓄積自体が，今後も行われる必要がある．

　最後に，日本の高校教育は，一般的にイメージされているほど画一的とはいえず，高校入試制度に象徴されるように，実際はかなり都道府県による裁量が認められている．公立・私立の学校比や，普通科・職業科の比も，都道府県によりまちまちである．必ずしも政策の影響とはいえないが，結果的に高等教育機関への進学率も，都道府県間で相当な違いが存在する．つまり高校間のトラッキング構造自体，都道府県によりさまざまであり，また私立高校は独自の運

営を行っている．本書のデータは全国からのランダムサンプリングに近づけるようできるだけ工夫しているが，序章でも触れたように，研究（分析）目的によっては，こうした調査設計がベストなのかは議論の余地がある．有意抽出であっても，従来の日本の教育社会学で行われてきたように，一定の地域における複数の高校に調査依頼し，データを獲得する方が，地域の実情に合ったより緻密な分析が可能になるかもしれない（あるいは，都道府県などの限定されたエリアに絞ったランダムサンプリング，というのも考えられる）．また「学校の社会化」の影響をみるのであれば，学校やクラス単位での抽出を行い，多水準での分析（マルチレベル分析）を行う方が適切な調査設計であるといえる．

　そしてもう1つ，日本の教育社会学の学校調査は，横断調査に留まるものが多い．同一地点で繰り返し行われているプロジェクトも多いため，それは分布の上での時代による変化を比較でき，非常に貴重な研究成果となることは論を俟たない．しかし横断データでは，因果関係や効果という「メカニズム」に迫る分析に限界があるのも事実である．とくに学校を卒業した後のフォローアップがなされている信頼できるパネルデータは，日本にはほとんどないに等しい[7]．さらに本書のデータは親子間のマッチングが可能だが，コストの問題があるにせよ，「母親のみ」を調査している点を指して，母親を家事・育児を主たる役割であると前提視している調査設計であるとする批判も免れないと思われる．したがって，もし親子調査という枠組みを維持するならば，父親の役割を明らかにできるような調査設計が必要になるだろう．ただし注4）でも述べたが，マッチングできるサンプルということに拘ると，今度は一人親家族が除外されるという問題も発生しかねない．一人親家族にはさまざまな問題が集中して現れるケースが多いと予想されることから，そうしたケースが予め排除されるような調査設計では，サンプルのセレクション・バイアスが生じ，社会問題を正確に把握できなくなる．以上の問題点をすべて乗り越えるような調査設計は，現在の調査環境を考えると相当にハードルが高い．したがって何を明らかにしたいのか，そうした問題設定を強く意識しながら，必要に応じた調査設計がなされなければならないことになるだろう．本書がそのヒントや材料を提供できれば，編者の1人として望外の喜びである．

終　章　親子調査からみえてきた課題

注
1) 特に重要といえるのが，1991年4月の第29回中教審答申「新しい時代に対応する教育の諸制度の改革について」である．この中で，世情を反映し，当時の厳しい受験競争や時代の変化に対応できていないなどの問題から，不登校や中退の増加といった様々なひずみが生じていることが指摘されている．ここで生徒数の減少期を迎えるため，むしろ高校の量的充実（誰でも行ける）から，質的充実（個性尊重）への転換を図るべき，との提言がなされている．そして学科の再編，新しいタイプの高校の設置といった具体策が提案されている．
2) 1962年以前生まれの母親は15%程度であるため，サンプルの多く（約85%）は「男女雇用機会均等法施行世代」に属する．
3) 就職時に男女雇用機会均等法が施行されていたか否かで母親のサンプルを二分し，高校2年生の子どもが誕生してから3歳までにフルタイム就業していたか否かを確認したところ，中学・高校卒の母親では施行前後で4.2%から6.1%，短大・専門以上卒の母親では8.2%から10.9%と僅かに増えたのみである．
4) さらにいえば「母子ペア」を抽出の条件としているので，父子家庭もサンプルから除外されている．
5) このデータにおける母親の平均年齢は，母親が中学・高卒の場合45.3歳，短大・専修学校卒の場合46.2歳，大卒以上の場合47.2歳となっており，それぞれ統計的に1%水準で有意な差である．
6) ここでの学校外教育には，いわゆるお稽古ごとや習い事は含まれていない．あくまで狭い意味での教科学習や受験に特化したものを指している．毎月の平均値を尋ねており，夏季・冬季といった不定期の講習の費用も含めていない．
7) 例外的に東京大学社会科学研究所で実施されている「高卒パネル」調査がそれに該当するが，高校卒業後の脱落が非常に多いこと，有意抽出であることなどの限界がある．また回答の精度に拘らなければ，回顧法でもパネル形式のデータを集めるのは可能であるが，分析のサンプル抽出は調査時点に行われることになるので，過去のイベントが起きているときのランダム抽出ではない（一定の選別が働いている）ということに注意が必要である．たとえば，就職活動のその後の就業への影響に関心があって，就業者からサンプルを抽出した場合，労働市場から退出した人（仕事を辞めた人）は物理的にサンプルから除外されているので，現在仕事を辞めている人の就職活動の情報は得られないことになる．仕事を辞めてしまった人の就職活動に早期離職の原因がある可能性は否定できないが，そうした調査設計ではその早期離職の原因について検討することができなくなってしまう．

文献
安部由起子，2011，「男女雇用機会均等法の長期的効果」『日本労働研究雑誌』615: 12-24.

Breen, Richard and John H. Goldthorpe, 1997, "Explaining Educational Differentials: Towards a Formal Rational Action Theory," *Rationality and Society*, 9: 275-305.

藤田英典，1980，「進路選択のメカニズム」山村健・天野郁夫編『青年期の進路選択――高学歴時代の自立の条件』有斐閣，105-129.

濱口桂一郎，2014，「労働市場の変容と教育システム」広田照幸・宮寺晃夫編『教育システムと社会――その理論的検討』世織書房，21-31.

樋田大二郎・耳塚寛明・岩木秀夫・苅谷剛彦編，2000，『高校生文化と進路形成の変容』学事出版.

樋田大二郎，2014，「変わる高校生活と地位達成の仕組み――メリトクラシーとトラッキング構造のその後」，樋田大二郎・苅谷剛彦・堀健志・大多和直樹編『現代高校生の学習と進路――高校の「常識」はどう変わってきたか』学事出版，10-21.

平田周一，2011，「女性のライフコースと就業―― M字型カーブの行方」石田浩・近藤博之・中尾啓子編『現代の階層社会（2）――階層と移動の構造』東京大学出版会，223-237.

本田由紀，2014，『もじれる社会――戦後日本型循環モデルを超えて』ちくま新書.

岩木秀夫，1991，「人口の構造変動と教育――教育政策を焦点に」『教育社会学研究』48: 78-101.

岩木秀夫・耳塚寛明編，1983，『現代のエスプリ195　高校生』至文堂.

門脇厚司・陣内靖彦編，1992，『高校教育の社会学――教育を蝕む＜見えざるメカニズム＞の解明』東信堂.

苅谷剛彦，2001，『階層化日本と教育危機――不平等再生産から意欲格差社会へ』有信堂.

Kariya, Takehiko, and James E, Rosenbaum, 1987, "Self-Selection in Japanese Junior High Schools: A Longitudinal Study of Students' Educational Plans," *Sociology of Education*, 60(3): 168-180.

片瀬一男・平沢和司，2008，「少子化と教育投資・教育達成」『教育社会学研究』82: 43-59.

児美川孝一郎，2013，『キャリア教育のウソ』ちくまプリマー新書.

岩井八郎，2011，「学歴と初期キャリアの動態――戦後日本型ライフコースの変容」，石田浩・近藤博之・中尾啓子編『現代の階層社会（2）――階層と移動の構造』東京大学出版会，205-222.

Jackson, Michelle, 2013, "Introduction: How Is Inequality of Educational Opportunity Generated? The Case for Primary and Secondary Effects," Michelle Jackson ed. *Determined to Succeed?: Performance versus Choice in Educational Attainment*, Stanford: Stanford University Press, 1-33.

LeTendre, Gerald K., Barbara K. Hofer, and Hidetada Shimizu, 2003, "What Is Tracking? Cultural Expectations in the United States, Germany, and Japan," *American Educational Research Journal*, 40(1): 43-89.

松原治郎・武内清・岩木秀夫・渡部真・耳塚寛明・苅谷剛彦・樋田大二郎・吉本圭一・河上婦志子, 1981, 「高校生の生徒文化と学校経営 （Ⅰ）」『東京大学教育学部紀要』20: 21-57.

耳塚寛明, 1980, 「生徒文化の分化に関する研究」『教育社会学研究』35: 111-122.

耳塚寛明, 2014, 「多様化の中の質保証——高校教育政策の新局面」樋田大二郎・苅谷剛彦・堀健志・大多和直樹編『現代高校生の学習と進路——高校の「常識」はどう変わってきたか』学事出版, 136-142.

中村高康, 2011, 『大衆化とメリトクラシー——教育選抜をめぐる試験と推薦のパラドクス』東京大学出版会.

中澤渉, 2007, 『入試改革の社会学』東洋館出版社.

尾嶋史章編, 2001, 『現代高校生の計量社会学——進路・生活・世代』ミネルヴァ書房.

坂野慎二, 2009, 「高校教育政策と質保証」『国立教育政策研究所紀要』138: 65-74.

粒来香, 1997, 「高卒無業者層の研究」『教育社会学研究』61: 185-209.

米川英樹, 1978, 「高校における生徒下位文化の諸類型」『大阪大学人間科学部紀要』4: 183-208.

付　録

1　データの利用について

「高校生と母親調査，2012（2012年高校生と母親調査研究会）」（調査番号：0873）のデータは，東京大学社会科学研究所附属社会調査・データアーカイブ研究センターのSSJデータアーカイブに寄託されている．大学または公的研究機関の研究者や教員の指導を受けた大学院生であれば利用可能である．教員の指導を受けた学部学生については，特定の研究目的（卒論や論文コンテストなどの応募）で利用可能である．なお，本書で用いた変数の中で一般には公開されていないものがあるので注意が必要である．詳しくはSSJデータアーカイブのウェブページ（http://csrda.iss.u-tokyo.ac.jp/）を参照されたい．

2　基礎的な変数の分布，作成方法

(1) 高校生と母親の進路希望

高校生と母親の進路希望の分布は表付録-1のようになる．

(2) 親の年齢，親学歴，世帯収入

母親の年齢は最小値が36歳，最大値が58歳で，平均46.0歳（標準偏差3.6），父親の年齢は最小値が32歳，最大値が68歳で，平均48.5歳（標準偏差4.6）であった．また父親が不在と考えられるのは47ケース（4.4%）であった．なお，「国民生活調査」で，世帯が母親と児童のいる家庭のうち，母子世帯である比率は5.9%となる．

付　録

表付録-1　高校生と母親の進路希望（%）

	高校生			母親		
	男子	女子	全体	男子	女子	全体
就職	17.5	10.5	13.9	15.0	11.2	13.1
専門学校	8.4	17.1	12.8	7.6	15.4	11.6
短大	1.0	7.5	4.3	0.4	7.4	3.9
大学	61.4	59.9	60.7	66.7	60.1	63.4
大学院	9.1	2.8	5.9	6.3	0.9	3.6
その他	0.4	0.6	0.5	0.2	0.6	0.4
未定	1.3	1.1	1.2	—	—	—
本人の希望	—	—	—	3.2	3.3	3.3
無回答	1.0	0.6	0.7	0.6	1.1	0.8
合計	100.0	100.0	100.0	100.0	100.0	100.0
N	526	544	1,070	526	544	1,070

親学歴の分布は以下の表付録-2のようになった．

表付録-2　親学歴の分布（%）

	中学	高校	専門学校	短大	大学	大学院	その他	無回答	母子世帯	合計	N
母学歴	0.8	38.3	16.4	29.2	12.9	0.3	0.4	1.8	—	100.0	1,070
父学歴	1.7	31.6	9.0	1.8	44.2	2.7	0.9	3.7	4.4	100.0	1,070

また世帯収入の分布は表付録-3に示した．平均値は690.1万円であり，標準偏差は327.3である．中央値は700万円である．

(3) 高校生の通う高校の偏差値と学校タイプ

高校の偏差値の情報は，関塾が発行している「全国高校・中学偏差値総覧」の2007年度版を用いた．高校名はわかるが，学科やコースが不明である場合は複数の学科・コースの偏差値を平均したものを用いた．結果として，982名の高校生について，高校の偏差値の情報が得られた（平均53.3, 標準偏差9.5, 最小値33, 最大値78）．第1章と第8章では高校偏差値が分析に用いられている．

また，高校生の通う高校の学科（序章を参照）と偏差値を用いて学校タイプに関する変数を作成した．まず，専門学科と普通科に分けた．表序-2をもとに説明すると，「普通科」（100番台）と「その他」（800番台）のうち，「理数関係」，「外国語関係」，「その他」，「その他（普通科に近い）」，「その他（理数科に

表付録-3　世帯収入の分布

	度数	%
100万円位（75から150万円）	16	1.5
200万円位（150から250万円）	28	2.6
300万円位（250から350万円）	63	5.9
400万円位（350から450万円）	97	9.1
500万円位（450から600万円）	208	19.4
700万円位（600から850万円）	295	27.6
900万円位（850から950万円）	111	10.4
1,000万円位（950から1,100万円）	110	10.3
1,200万円位（1,100から1,300万円）	45	4.2
1,400万円位（1,300から1,500万円）	17	1.6
1,600万円位（1,500から1,700万円）	1	0.1
1,800万円位（1,700から1,900万円）	5	0.5
2,000万円位（1,900から2,100万円）	5	0.5
2,200万円位（2,100から2,300万円）	1	0.1
2,300万円以上	5	0.5
無回答	63	5.9
合計	1,070	100.0

近い）」を普通科として扱った．専門学科は200番台から700番台までと「その他」（800番台）のうち，「音楽・美術関係」，「体育関係」，そして，「その他（専門学科に近い）」からなる．

さらに普通科を高校偏差値によってグループ化した．分析者の関心によって使い分けることができるように，偏差値による普通科の区分が3つの「学校タイプ1」と区分が2つの「学校タイプ2」を作成した．第1章，第5章，第9章では「学校タイプ1」が用いられており，第2章，第3章，第4章，第6章では「学校タイプ2」が用いられている．

表付録-4　本書で用いられた2つの学校タイプの分布

学校タイプ1	度数	%	有効%	学校タイプ2	度数	%	有効%
専門学科	239	22.3	24.1	専門学科	239	22.3	24.1
普通科C（35.0-51.0）	241	22.5	24.3	普通科Ⅱ（35.0-56.0）	378	35.3	38.1
普通科B（51.2-60.0）	257	24.0	25.9	普通科Ⅰ（56.3-78.0）	374	35.0	37.7
普通科A（60.3-78.0）	254	23.7	25.6				
不明	79	7.4		不明	79	7.4	
合計	1,070	100.0	100.0		1,070	100.0	100.0

付　録

付録担当
斉藤裕哉（首都大学東京大学院人文科学研究科・博士後期課程）
野田鈴子（東京大学大学院教育学研究科・修士課程修了）
藤原翔（東京大学社会科学研究所）

あ と が き

　教育格差に注目が集まっている．教育格差とは，親の社会経済的状況によって子どもの受ける教育の量や質が異なっていることを意味する．どのような親のもとに生まれてくるかを選ぶことはできないが，それはその後の学業達成や教育達成に影響を与える．しかし，教育格差といってもさまざまである．親の職業，学歴，収入の中でどれが重要となるのか．学力と教育達成の格差の生成メカニズムに違いはあるのか．それらはどのように結びついているのか．学部選択や入試ルートに親は関係していないのか．その現状もメカニズムも十分にはわかっていない．

　それにはリアルタイムで教育格差をとらえ，そしてそのメカニズムを検証できるような調査データが少ないことが関連してくる．序章でも述べたが，大規模な社会調査の多くが幅広い年齢の成人を対象としているため，近年の若者の様子をとらえるのにはむいていない．また，学校通しの調査で生徒の調査を行うことはできても，家族の社会経済的状況に関する情報を得られないこともある．聞くことのできる項目が所有財（自宅にあるもの），本の冊数，生活習慣などに限られる場合があるし，たとえ親の学歴，職業，収入や暮らし向きについて聞くことができたとしても，子どもによる回答は無回答も多く，正確な情報ではない可能性がある．子どもや学校を経由して親への調査票の配布はできても，親の学歴などを聞くことは困難かもしれない．教育格差の現状をとらえるのは（日本では）意外と難しいのである．となれば，高校生とその親に対して直接調査を行えば，リアルタイムで格差の状態をとらえられるのではないか．

　この調査研究プロジェクトができる以前のことについて少しお話ししたい．
　私が博士前期課程の頃（2005年）に，2002年に大阪大学大学院人間科学研究科が行った「高校生とその母親の教育意識に関する全国調査」（研究代表：川

あとがき

端亮教授）のデータを使った分析を始めた．全国調査であること，親子ペアであること，高校生の通う学校名や親の社会経済的状況がわかる，自由回答を用いた分析が可能である……など，これまでにみたことのなかったデータを利用できることに，大いに興奮したのを覚えている．しかし，結局このデータのよさを十分に活かすことができず，修士論文では異なるデータを用いた実証研究を行った．しかし博士後期課程に進んだ後も，このデータに触れ続け，親子ペアという特徴を活かしてなんとか論文を執筆することができた．その後，教育選択に関する相対的リスク回避説を間接的に検証する方法を考え，同データを用いた論文を発表した．論文を執筆する中で，このような量的教育データが蓄積され，それが研究者であれば誰でも利用できるようになればと感じていた．

それと同時に，教育格差研究において，海外で提示されている仮説を検証することが可能なデータが少ないことに対する不満もあった（序章参照）．もちろん海外の理論や仮説がそのまま日本の状況に当てはまるわけではないのだが，そもそもデータから理論を検証するということが，あまり行われていないことに対する違和感もあった．理論と実証のサイクルから現象のメカニズムに接近する上では，さまざまな仮説を検証することが可能なデータが必須だと感じていた．

このような2つの思いがある中で，幸いにも調査研究費を得ることができたため，2012年に「高校生と母親調査，2012」を実施することが可能となった．目的や方法などについては，序章で述べた通りであるが，2002年の調査のユニークさを維持しつつ，仮説検証のための項目を追加することが可能となった．また，社会階層論，教育社会学，家族社会学などさまざまな領域における重要な変数を得ることが可能になった．

本書はこのような経緯で生まれたデータの二次分析による成果である．教育だけではなくさまざまな関心をもった若手の研究者が集まり，約2年に渡ってほぼ毎月報告と議論を続けてきた．二次分析ということで，仮説検証に必要な変数が不足する場合や，思わぬところで参加者の関心と合致した変数があったりもした．二次分析特有のさまざまな苦労はあったが，なんとか著書としてまとめることができた．もちろんまだ十分にデータの旨味が十分に生かされたとは言い難い面もある．というのも，本書と調査票を見比べていただければわか

あとがき

るように，多くの変数が分析されてないまま残っているためである．あくまで研究会の中間的な成果として読者の皆様のご批判を仰ぎ，ご指摘を踏まえつつ，今後もじっくりとデータを分析し，日本の高校生，学校，家族の問題を明らかにすることが課題である．

なお，これも繰り返しになるが，「高校生と母親調査，2012」データは，東京大学社会科学研究所附属社会調査・データアーカイブ研究センターのSSJデータアーカイブに寄託されている．利用者は限られる（付録参照）が，関心のある方はぜひデータを手にとって二次分析を行っていただきたい．本書や報告書で行った我々の分析を発展させたり批判的に検討したりすることや，何らかの仮説を検証するのに役立てることができるかもしれない．我々以外の多くの人にもデータが分析され，若者・学校・家族の問題を考える上で有効活用されることを切に願っている．研究目的だけではなく，大学の授業などでの教育目的の利用が可能なので，調査実習などでも利用していただきたい．新たに調査を行う予定の方にも，ぜひ分布などを確認して質問項目の作成に利用していただければ幸いである．どのような形であれ，集めたデータが何らかの役に立てば，調査を運営したものの1人として，大変うれしく思う．

最後に，2年間に渡って二次分析研究会にかかわりつつ，調査データの再クリーニング・コーディング，資料作成，付録作成を助けてくれた，斉藤裕哉さん（首都大学東京大学院人文科学研究科博士後期課程）と野田鈴子さん（東京大学大学院教育学研究科修士課程修了）に感謝したい．

2015年5月

藤原　翔

人名索引

あ 行
荒牧草平　22, 81, 82, 84, 94
有田伸　81, 93
岩井八郎　128
岩間暁子　129
ウェイニンガー（Weininger, E.W.）　100
卯月由佳　101
尾嶋史章　12, 23

か 行
カートメル（Cartmel, F.）　38
片瀬一男　23, 101, 110
加藤恵津子　118, 124
苅谷剛彦　78
ガンベッタ（Gambetta, D.）　49
ギンティス（Gintis, H.）　132
ケルスキー（Kelsky, K.）　118, 124
ゴールドソープ（Goldthorpe, J. H.）　22, 38, 131
近藤博之　22

さ 行
盛山和夫　22
佐藤俊樹　4
ジャクソン（Jackson, M.）　164
千田有紀　140

た 行
多喜弘文　82, 84, 94
竹内洋　48, 69
橘木俊詔　4
都村聞人　94
寺沢拓敬　126
樋田大二郎　159

な 行
トロウ（Trow, M.）　ii, 1

中西啓喜　23
中村高康　68, 69, 79
西村貴之　69, 78

は 行
ハキム（Hakim, C.）　130, 132
原純輔　22
ファーロング（Furlong, A.）　38
ブードン（Boudon, R.）　22, 167
藤原翔　35, 94
ブリーン（Breen, R）　22
古田和久　22, 49
ブルデュー（Bourdieu, P.）　55, 100
裵智恵　101, 107
ボウルズ（Bowles, S.）　132
本田由紀　101

ま 行
松田茂樹　101, 107
耳塚寛明　23
宮本太郎　128
三輪哲　49, 94

や 行
安田雪　69
山口一男　112, 128
吉原惠子　72, 75

ら 行
ラロー（Lareau, A.）　100, 139

事項索引

アルファベット

Effectively Maintained Inequality（EMI）仮説　12
KHB法　35
M字型就労　129, 160
OECD（経済協力開発機構）生徒の学習到達度調査（Programme for International Student Assessment，通称はPISA）　8, 159
SSJデータアーカイブ　iii, 12, 15, 173, 179

あ　行

アクセスパネル　5, 6
アメリカ　102, 116, 119, 125, 126, 158
一次的社会化　99, 100
市場モデル　55, 57, 64
インセンティブ・ディバイド　159
親と子の生活意識に関する調査，2011　7, 8, 9

か　行

学校基本調査　2, 3, 6-8
学校経由の就職　82, 93
家庭の文化　139, 140
カナダ　124
加熱　34, 68
キャリア教育　167, 168
教育機会の不平等　21
教育社会　13
教育社会学　i, iii, 12, 21, 81, 100, 157, 169
高学歴化　4, 39, 65, 162
高校三原則　157
高校生とその母親の教育意識に関する全国調査　5
合理的選択　38, 55, 168

国際数学・理科教育調査（TIMSS）　11
国勢調査　7, 9
子どもの貧困　4

さ　行

自己実現志向　14, 81-84, 92, 93
社会化　131, 145
社会階層　12-14, 21, 23, 26, 53, 55, 63, 64, 81, 99, 131, 168
社会階層と社会移動調査（SSM調査）　10, 22, 53
出生動向基本調査　129, 144
重要な他者（significant others）　145
少子化　i, 2, 68, 106, 158, 159, 160, 168
進路多様校　38, 68, 69, 72-75, 78, 101, 103, 110, 111
セレクション・バイアス　169
潜在クラス分析　41
相対的リスク回避（Relative Risk Aversion: RRA）　11, 12, 22, 38, 168

た　行

第1次効果　22, 25, 28, 30, 32-34
第2次効果　22, 25, 28, 30, 33, 34
男女共同参画社会に関する世論調査　130
男女雇用機会均等法　117, 161
地位達成志向　14, 82-84, 92, 93
トラッキング　100, 102, 103, 158, 168

な　行

内生性　134
二次的社会化　99, 100
二次分析　13, 178
日本の将来推計人口　2

事項索引

は 行
パーソナリティ形成　145, 146
働き方とライフスタイルの変化に関する全国調査（JLPS）　10
パネルデータ　35, 169
文化資本　37, 38, 100
文化的再生産　55-57, 64
ベビーブーマー　2
ベビーブーム　i, 68, 158

ま 行
マス選抜　74
マルチレベル分析　11, 169
モラトリアム　72, 74, 78

や 行
ゆとり教育　ii, 159
ユニバーサル段階　ii, 1

ら 行
ライフコース　4, 10, 15, 107, 132, 133, 144, 145, 147-150, 153, 154, 160
ランダムサンプリング　5, 169
冷却　34
労働市場　38, 54, 57, 69, 128, 130-132, 158, 160, 167, 168, 170
労働力調査　154, 160, 161

執筆者紹介

(＊印は編著者)

中澤　渉（なかざわ　わたる）＊
1973 年生まれ．東京大学大学院教育学研究科博士課程修了（博士：教育学）
現　在　大阪大学大学院人間科学研究科・准教授
主　著　『なぜ日本の公教育費は少ないのか――教育の公的役割を問いなおす』（勁草書房，2014年）

藤原　翔（ふじはら　しょう）＊
1981 年生まれ．大阪大学大学院人間科学研究科博士後期課程修了（博士：人間科学）
現　在　東京大学社会科学研究所・准教授
主論文　「高校選択における相対的リスク回避仮説と学歴下降回避仮説の検証」『教育社会学研究』（日本教育社会学会，2012 年）

古田和久（ふるた　かずひさ）
1978 年生まれ．大阪大学大学院人間科学研究科博士後期課程単位取得退学（博士：人間科学）
現　在　新潟大学人文社会・教育科学系・准教授
主論文　「高校生の学校適応と社会文化的背景――学校の階層多様性に着目して」『教育社会学研究』（日本教育社会学会，2012 年）

白川俊之（しらかわ　としゆき）
1983 年生まれ．同志社大学大学院社会学研究科博士後期課程修了（博士：社会学）
現　在　日本学術振興会特別研究員 PD（大阪大学大学院人間科学研究科）
主論文　「現代高校生の教育期待とジェンダー――高校タイプと教育段階の相互作用を中心に」『教育社会学研究』（日本教育社会学会，2011 年）

西丸良一（にしまる　りょういち）
1977 年生まれ．同志社大学大学院社会学研究科博士後期課程修了（博士：社会学）
現　在　同志社大学学習支援・教育開発センター・専門調査員
主論文　「高校の設置者種別と教育達成――私立高校の生徒の出身階層に注目して」『ソシオロジ』（社会学研究会，2014 年）

多喜弘文（たき　ひろふみ）
1982 年生まれ．同志社大学大学院社会学研究科博士後期課程修了（博士：社会学）
現　在　法政大学社会学部・専任講師
主論文　「日・独・米における学校トラックと進学期待・職業期待――学校と職業の接続に着目して」『社会学評論』（日本社会学会，2011 年）

執筆者紹介

髙松里江（たかまつ　りえ）
1983 年生まれ．大阪大学大学院人間科学研究科博士後期課程修了（博士：人間科学）
　現　在　大阪大学大学院人間科学研究科・助教
　主論文　「性別職域分離が賃金に与える影響とそのメカニズムに関する実証研究――技能に注目して」『フォーラム現代社会』（関西社会学会，2012 年）

小川和孝（おがわ　かつのり）
1986 年生まれ．東京大学大学院教育学研究科博士課程単位取得満期退学（修士：教育学）
　現　在　東京大学社会科学研究所・助教
　主論文　「高卒者の初職地位達成における雇用主の選抜メカニズムに関する研究――学校経由の就職の効果についての再検討」『教育社会学研究』（日本教育社会学会，2014 年）

苫米地なつ帆（とまべち　なつほ）
1987 年生まれ．東北大学大学院教育学研究科博士前期課程修了（修士：教育学）
　現　在　東北大学大学院教育学研究科・博士後期課程／日本学術振興会特別研究員 DC1
　主論文　「教育達成の規定要因としての家族・きょうだい構成――ジェンダー・出生順位・出生間隔の影響を中心に」『社会学年報』（東北社会学会，2012 年）

格差社会の中の高校生　家族・学校・進路選択

2015年9月5日　第1版第1刷発行

編著者　中澤　渉
　　　　藤原　翔

発行者　井村　寿人

発行所　株式会社　勁草書房

112-0005 東京都文京区水道2-1-1　振替 00150-2-175253
（編集）電話 03-3815-5277／FAX 03-3814-6968
（営業）電話 03-3814-6861／FAX 03-3814-6854
本文組版 プログレス・精興社・松岳社

©NAKAZAWA Wataru, FUJIHARA Sho　2015

Printed in Japan

<㈳出版者著作権管理機構 委託出版物>
本書の無断複写は著作権法上での例外を除き禁じられています。
複写される場合は、そのつど事前に、㈳出版者著作権管理機構
（電話 03-3513-6969、FAX 03-3513-6979、e-mail: info@jcopy.or.jp）
の許諾を得てください。

＊落丁本・乱丁本はお取替いたします。

http://www.keisoshobo.co.jp

格差社会の中の高校生
家族・学校・進路選択

2024年9月20日　オンデマンド版発行

編著者　中澤　　渉
　　　　藤原　　翔

発行者　井村寿人

発行所　株式会社　勁草書房

112-0005 東京都文京区水道2-1-1　振替 00150-2-175253
（編集）電話 03-3815-5277／FAX 03-3814-6968
（営業）電話 03-3814-6861／FAX 03-3814-6854
印刷・製本　（株）デジタルパブリッシングサービス

Ⓒ NAKAZAWA Wataru, FUJIHARA Sho 2015　　　　AM297

ISBN978-4-326-98638-5　Printed in Japan

[JCOPY] ＜出版者著作権管理機構 委託出版物＞
本書の無断複写は著作権法上での例外を除き禁じられています。
複写される場合は、そのつど事前に、出版者著作権管理機構
（電話 03-5244-5088、FAX 03-5244-5089、e-mail: info@jcopy.or.jp）
の許諾を得てください。

※落丁本・乱丁本はお取替いたします。
　https://www.keisoshobo.co.jp